Walter-Jörg Langbein
Eine kurze Geschichte von Gott

Walter-Jörg Langbein, 1954 geboren, hat evangelische Theologie studiert, bevor er freier Autor wurde. Er hat zahlreiche Sachbücher zu den Themen Religion und Bibel geschrieben.

Im Aufbau Taschenbuch Verlag erschienen von ihm: *Das Sakrileg und die heiligen Frauen*, *Maria Magdalena – Die Wahrheit über die Geliebte Jesu* sowie *Lexikon der biblischen Irrtümer*.

Am Anfang sahen die Menschen Götter in Naturerscheinungen, die sie nicht verstanden. Das Alte Testament beschreibt den Wechsel von der Vielzahl der Götter zum Monotheismus. Die einst mächtigen Götter und Göttinnen uralter Religionen wurden degradiert. Der himmlische Gott wird vom Himmel auf die Erde geholt: Aus dem unfassbaren Allmächtigen wird ein Partner des Menschen.

Ausführlich und leicht verständlich erklärt Walter-Jörg Langbein, wie aus dem primitiven Vielgötterglauben der Menschen sich nach und nach die großen Weltreligionen herausbildeten.

Walter-Jörg Langbein

Eine kurze Geschichte von Gott

Von der Vorzeit bis heute

aufbau taschenbuch
AUFBAU VERLAGSGRUPPE

Für
meine Frau Barbara Kern,
Ingeborg Diekmann,
Carola Gronemann-Habenicht,
Juliane Nagel,
Heidi Stahl
und
Gabriella Wollenhaupt

ISBN 978-3-7466-8151-1

Aufbau Taschenbuch ist eine Marke der Aufbau Verlagsgruppe GmbH

1. Auflage 2007

Umschlaggestaltung gold, Anke Fesel und Kai Dieterich
unter Verwendung eines Ausschnitts aus dem Fresko
»Die Erschaffung Adams« von Michelangelo Buonarroti, © World Films Enterprises/Corbis
Druck und Binden GGP Media GmbH, Pößneck
Printed in Germany

www.aufbau-taschenbuch.de

Inhalt

1. Am Anfang: Rahab aus dem Meer und die Göttin von Minos

Bevor Gott Jahwe zum Schöpfergott wurde, herrschte die Göttin. Als Monster taucht sie im Alten Testament auf. Jahwe musste sie erst besiegen, bevor er das Paradies, Adam und Eva kreieren konnte. Die Göttin unterlag Gott, aber ihre Spuren finden sich noch in der Bibel und bei archäologischen Ausgrabungen. Luther verfälschte die Bibel, um die Erinnerungen an die Göttin verschwinden zu lassen. Für viele ein Sakrileg: Jahwe teilte sich das Allerheiligste im Tempel mit einer Göttin, gemeinsam hatten sie eine Tochter. Jahrtausendelang herrschte die Göttin: im Heiligen Land wie in Europa.

Meeresgöttin und Himmelskönigin

Wie beginnt die Geschichte von Gott in der Bibel? Die Antwort meinen selbst Atheisten zu kennen, die gewöhnlich die Bibel nicht lesen (1. Buch Mose, Kapitel 1, Verse 1–3): »Am Anfang schuf Gott Himmel und Erde. Und die Erde war wüst und leer, und es war finster auf der Tiefe. Und der Geist Gottes schwebte auf dem Wasser. Und Gott sprach: Es werde Licht! Und es ward Licht. Und Gott sah, dass das Licht gut war. Da schied Gott das Licht von der Finsternis und nannte das Licht Tag und die Finsternis Nacht. Da ward aus Abend und Morgen der erste Tag.«

Versteckt – und selbst Theologen oft unbekannt – findet

sich im Alten Testament ein älterer Anfang der Geschichte von Gott. Bevor Gott mit der Schöpfung beginnen konnte, musste er erst Rahab besiegen (Hiob, Kapitel 26, Vers 12): »Durch seine Kraft hat er das Meer erregt, und durch seine Einsicht hat er Rahab zerschmettert.«

Wer oder was aber war Rahab?

Diverse Lutherausgaben der Bibel erklären in Fußnoten, Rahab sei »der Drache der Urzeit« gewesen. Und in der Tat: Der Prophet Jesaja umschreibt Rahab als Drachen. Jesaja appelliert an Gott (Jesaja, Kapitel 51, Vers 9): »Wach auf, wach auf, zieh Macht an, du Arm des Herrn! Wach auf, wie vor alters zu Anbeginn der Welt! Warst du es nicht, der Rahab zerhauen und den Drachen durchbohrt hat?«

Der versteckte Schlüssel zum Geheimnis um Rahab findet sich gleich zu Beginn des Alten Testaments. Allerdings muss man den Text gründlich im hebräischen Original untersuchen. In der Übersetzung heißt es wenig aussagekräftig (1. Buch Mose, Kapitel 1, Vers 2): »Und die Erde war wüst und leer, und es war finster auf der Tiefe.« Nimmt man das hebräische Original aber wörtlich, lautet der zweite Teil des Verses: »Finsternis lag auf dem Antlitz von Tehom.«

Tehom lässt sich auf uralte babylonische Mythologie zurückführen. Sie wird oft als Meeresdrachen bezeichnet, war aber ursprünglich die Meeresgöttin.

Die biblische Geschichte vom Kampf Gottes gegen Rahab ist die Kopie einer älteren Vorlage. Das Original steht in der babylonischen Geschichte von Gott: Schöpfergott Marduk muss erst Tiamat besiegen, damit er den Kosmos erschaffen kann. Jahwe, der biblische Gott, entspricht dem babylonischen Gott Marduk, Rahab ist die hebräische Variante der babylonischen Meeresgöttin Tiamat. In Rahab lebt also die Göttin des Meeres weiter. Das Alte Testament verdrängt weitestgehend die Erinnerung an die Göttin, die vor Jahwe geherrscht haben muss. Wie sich die Bilder doch gleichen: Viele Jahrhunderte vor Niederschrift des Alten Testaments verehrte man Baal, den Bezwinger des Meeresmonsters Yam.

Die Göttin musste aus religiösen Texten gestrichen werden, viele ihrer Anhänger verehrten sie aber weiter. Im Heiligen Land wurde sie noch im 6. Jahrhundert v. Chr. als »Himmelskönigin« angebetet. Der Prophet Jeremia prangert das wütend an (Kapitel 7, Verse 17 und 18): »Siehst du nicht, was sie tun in den Städten Judas und auf den Gassen Jerusalems? Die Kinder lesen Holz, die Väter zünden das Feuer an, und die Frauen kneten den Teig, dass sie der Himmelskönigin Kuchen backen.«

Was Jeremia ganz besonders erzürnt haben muss: Es waren nicht einige unbedeutende Frauen, die den Kult um die Himmelskönigin am Leben hielten. Sie vertraten als Kultangestellte einen wichtigen Teil des öffentlichen religiösen Lebens, in dessen Mittelpunkt der Tempel in Jerusalem stand! Die Himmelskönigin spielte, auch wenn das von den Jahwe-Priestern alles andere als gern gesehen wurde, nach wie vor eine zentrale Rolle im religiösen Leben des Volkes.

An anderer Stelle wird beim Propheten Jeremia klar, dass es sich bei den Verehrern der Himmelskönigin nicht um eine sektenhafte kleine Gruppe, sondern um eine Massenbewegung gehandelt haben muss. Männer und Frauen bekannten sich, der offiziellen Jahwe-Religion trotzend, zur Himmelskönigin – und das ganz offensichtlich in großer Zahl (Der Prophet Jeremia, Kapitel 44, Verse 15 und 17): »Da antworteten dem Jeremia alle Männer, die sehr wohl wussten, dass ihre Frauen anderen Göttern opferten, und alle Frauen, die dabei standen, eine große Menge (…): Wir wollen all die Worte halten, die aus unserem Munde gekommen sind, und wollen der Himmelskönigin opfern und ihr Trankopfer darbringen, wie wir und unsere Väter, unsere Könige und Oberen getan haben in den Städten Judas und auf den Gassen Jerusalems.«

Dankbarkeit empfinden die Menschen für die Himmelskönigin (Der Prophet Jeremia, Kapitel 44, Verse 17 und 18): »Da hatten wir auch Brot genug, und es ging uns gut, und wir sahen kein Unglück. Seit der Zeit aber, da wir es unterlassen haben, der Himmelskönigin zu opfern und Trankopfer darzubringen, haben wir an allem Mangel gelitten und sind durch Schwert und Hunger umgekommen.«

Frauen sind es, die den uralten Kult der Himmelskönigin aufrechterhalten, das aber – darauf weist der Text beim Propheten Jeremia ausdrücklich hin – im Einverständnis mit den Männern (Vers 19): »Und wenn wir Frauen der Himmelskönigin opfern und Trankopfer darbringen, das tun wir ja nicht ohne den Willen unserer Männer, wenn wir ihr Kuchen backen, um ein Bild von ihr zu machen, und ihr Trankopfer darbringen.«

Die Göttin wird besiegt

Offenbar gehörten Frauen wie Männer zur Gemeinde der Himmelskönigin. Der Text macht keine Angaben darüber, aus welchen Volksschichten oder Altersgruppen diese Anhänger der Göttin stammten. Daraus kann man wohl ableiten, dass Menschen unterschiedlichen Alters und unterschiedlicher sozialer Gruppen der Himmelskönigin huldigten. In der offiziellen Berichterstattung der Bibel aber wurde Jahwe zum Sieger über die Göttin gemacht. Es dauerte allerdings viele Jahrhunderte, bis sich Jahwe auch wirklich durchsetzte. Erhalten blieben Spuren der Göttin in der Bibel, sehr zum Verdruss der jahwetreuen Autoren des Alten Testaments, die mit ihren Schriften den alleinigen Herrschaftsanspruch Jahwes als einziger Gott untermauerten.

Zwei Jahrtausende später wollte Martin Luther diese Hinweise verschwinden lassen. Der Reformator verfälschte im 16. Jahrhundert konkrete Aussagen über die ganz zentrale Bedeutung der Himmelskönigin durch kurios anmutende Übersetzungen. Der Reformator produzierte einige an sich unverständliche, ja unlogische Bibelaussagen, nur um die Spuren der Himmelskönigin zu verwischen. Martin Luther duldete nur einen Gott im Zentralheiligtum in der Heiligen Stadt Jerusalem. Die Himmelskönigin hatte da nach seinem Verständnis nach nichts zu suchen, auch wenn der Originaltext im Hebräischen Jahwe und die Himmelsgöttin als Paar im Tempel von Jerusalem beschrieb!

Luthers Übersetzungen in Sachen Aschera sind offensichtlich falsch, weil sinnlos. Warum fiel das bei der Drucklegung der Bibel nach Luther im 16. Jahrhundert niemandem auf? Wie eklatant Luthers Verfälschungen sind, verdeutlicht ein Vers aus den Königsbüchern. Bei Luther hieß es da anno 1545 (Das 2. Buch der Könige, Kapitel 23, Vers 6 in der Übersetzung Luthers von 1545, in angepasster Rechtschreibung): »Er (Josia) ließ den Hain aus dem Hause des Herrn führen«. Mit dem »Haus des Herrn« war das Zentralheiligtum des Judentums, der Tempel in Jerusalem, gemeint. Nach Luther wurde aus dem Tempel ein Hain, also ein Wald, »weggeführt«. Natürlich gab es zu keiner Zeit im Allerheiligsten des Tempels so etwas wie einen Wald. Ein Blick in den hebräischen Originaltext klärt den Sachverhalt: Entfernt wurde eine Aschera-Statue.

Das aber war in den Augen Luthers ein echtes Sakrileg: Ganz offensichtlich stand im Allerheiligsten des Tempels von Jerusalem eine Statue der Aschera. Ein pikantes Detail:

Ascheras Statue wurde sonst eigentlich mit einem anderen Gott in Verbindung gebracht, mit Baal. Darauf weist ein kurzer Text im Alten Testament hin, den Luther nach bewährter Manier manipulierte.

Wieder arbeitete Luther mit dem gleichen »Fehler« (Buch der Richter, Kapitel 6, Verse 25 und 26 in Luthers Übersetzung von 1545, hier der heutigen Rechtschreibung angepasst): »Und zerbrich den Altar Baals ... und haue ab den Hain, der dabeisteht.« Von einem »Hain«, also einem Wäldchen, ist im Original nichts zu finden. Falsch übersetzt Luther weiter: »Und baue dem Herrn, deinem Gott ... einen Altar und opfere ein Brandopfer mit dem Holz des Hains, den du abgehauen hast.« Es wurden im hebräischen Originaltext weder Bäume gefällt noch verbrannt, sondern eine Statue der Göttin Aschera.

Jahwe wurde von der Priesterschaft bereits als Sieger propagiert, als die Göttin noch recht angesehen war. In der Realität des Alltags gab es noch lange Zeit keine einheitlich konsequente Haltung der Obrigkeit gegenüber Aschera. Die einen ließen ihre Statue aus dem Tempel von Jerusalem entfernen, andere ordneten ihre Verbrennung an, und wiederum andere duldeten zumindest ihren Kult. In Luthers Übersetzung von 1545 heißt es im 2. Buch Könige (Kapitel 13, Vers 6): »Auch blieb stehen der Hain zu Samaria.« In der revidierten Luther-Bibel von 1912 wurde Luthers Textverfälschung wieder rückgängig gemacht. Da kehrt die vom Reformator getilgte Göttin wieder zurück: »Auch blieb stehen das Ascherabild zu Samaria.«

Es muss für die gläubigen Juden in Jerusalem sehr verwirrend gewesen sei: Manchmal wurde ausschließlich Jahwe allein im Tempel geduldet, manchmal bekam er Gesellschaft in Form einer Ascherastatue. Die Bibel berichtet über das seltsame Hin und Her: Salomos Sohn, König Rehoboam, brachte die göttliche Aschera in den Tempel. Sie wurde etwa 35 Jahre lang zusammen mit Jahwe im Zentrum der Religiosität verehrt. König Asra ließ sie entfernen, König Joash wieder installieren. Nach 100 Jahren gab es wieder einen Kurswechsel. Jetzt sorgte König Hezekiah dafür, dass Aschera wieder aus dem Heiligtum verschwand. König Manasseh aber machte das rückgängig und brachte sie wieder an ihren angestammten Platz. Dabei blieb es nicht: König Joshiah setzte eine religiöse Reform durch. Aschera wurde aus dem Tempel verbannt, kehrte aber nach dem Tod des Königs wieder zurück.

Durchsucht man das Alte Testament nach konkreten Hinweisen auf das Innerste des Tempels von Jerusalem, so stößt man nur auf spärliche Angaben über das Allerheiligste. Eines aber ist sicher: Die Vermutung, dass Salomos Tempel ausschließlich der Verehrung Jahwes diente, ist definitiv falsch. Der salomonische Tempel bestand nur 370 Jahre. 236 Jahre davon, also fast zwei Drittel der Zeit, beherbergte er eine Ascherastatue. Dabei hatte doch Jahwe nicht nur das Anbeten fremder Götter im Allgemeinen verboten, sondern ganz konkret gefordert (Das 5. Buch Mose, Kapitel 16, Vers 21): »Du sollst dir keinen Holzpfahl als Ascherabild errichten bei dem Altar Jahwes.«

Die Tatsache, dass ein ganz konkretes Gesetz ausdrücklich verbietet, neben dem Altar Jahwes der Göttin Aschera zu huldigen, lässt nur eine Interpretation zu: Im Heiligen Land muss lange Zeit neben Jahwe auch die Göttin Aschera verehrt worden sein. Barbara Walker hat sich intensiv mit der Rolle der Göttin im Heiligen Land auseinandergesetzt. Sie schreibt (Das Geheime Wissen der Frauen, Frankfurt 1993, S. 67): »Eine Zeitlang akzeptierte Aschera den semitischen Gott El als ihren Geliebten. Sie war die Himmelskuh, er der Stier.«

Die Beziehung zwischen Aschera und El blieb nicht ohne Folgen. Nach mythologischen Texten von Ugarit hatten die beiden eine gemeinsame Tochter, die göttliche Anat. Um zu verstehen, wie brisant diese Aussage ist, muss man eines wissen: El war nach Aussage des Alten Testaments (siehe etwa 1. Buch Mose, Kapitel 14, Vers 18) einer der Beinamen Jahwes. In unseren Bibelübersetzungen lesen wir: »Aber Melchisedek, der König von Salem, trug Brot und Wein heraus. Und er war ein Priester Gottes des Höchsten.« Damit ist ganz eindeutig Jahwe gemeint. Im Hebräischen aber steht ganz klar: »Und er war ein Priester von El, des Höchsten.« Und weiter heißt es (Verse 19 und 20, wörtlich übersetzt): »Und er segnete ihn und sprach: Gesegnet ist Abraham, von El, dem Höchsten, der gründet Himmel und Erde. Und ein Gepriesener sei El, der Höchste …«

Spuren der Göttin

Für den strenggläubigen Jahwe-Anhänger war die Vorstellung unerträglich, dass sein höchster Gott im Allerheiligsten des Tempels von Jerusalem eine göttliche Partnerin hatte. Dass aber aus dieser Beziehung eine Göttin hervorgegangen sein soll, war für den Jahwisten schlimmste Blasphemie. Völlig unvorstellbar war für ihn, dass Jahwes Tochter Anat schon Jahrtausende vor Jahwe bereits als Göttin existierte. Ihr genauer Ursprung ist allerdings bis heute nicht genau geklärt.

In Ägypten kannte man sie als wehrhafte Kriegerin und als eine Göttin der Fruchtbarkeit. Oder geht sie auf jahrtausendealte sumerische Mythologie zurück? Ist sie eine Kopie der sumerischen Himmelskönigin Inanna? Wurde Anat ursprünglich im asiatischen Bereich verehrt und angebetet?

Unklar ist, wann die Kanaaniter Anat kennenlernten und in ihre religiöse Welt einbauten. Die Geschichte der Göttin Anat beginnt im Ungewissen. Sie muss auch die Menschen im Heiligen Land stark beeinflusst haben. Aus Papyrustexten aus dem 6. Jahrhundert vor Christus, die auf der Insel Elephantine gefunden wurden, wissen wir, dass Anat von den Juden lange Zeit verehrt wurde. Im Libanon, in Syrien und in Palästina gab es noch 200 n.Chr. Anhänger Anats. In Ägypten hielt sich ihr Kult sogar bis ins frühe 5. Jahrhundert n.Chr. Im Alten Testament allerdings wird man vergeblich nach Anat suchen. Oder gehörte sie zu mehreren Göttinnen, denen man als eine Art Sammelbezeichnung den Titel der »Himmelskönigin« verlieh?

Namentlich erwähnt wird die Göttin kein einziges Mal in der Bibel. Dass sie aber eine bedeutsame Rolle gespielt haben muss, beweist ihr Fortleben in einem Städtenamen. Offensichtlich wurde mindestens eine Stadt deshalb nach Anat benannt, weil hier einst ein Tempel der Göttin stand. Die biblischen Bücher Josua (Kapitel 19, Vers 38) und Richter (Kapitel 1, Vers 33) weisen auf Beth-Anat, zu Deutsch »Haus der Anat« hin. Unter »Haus der Anat« verstand man einen Tempel der Anat. Wenn eine Stadt »Haus der Anat« genannt wurde, hat sie wohl einst einen bedeutsamen Tempel der Göttin beherbergt. Offenbar war die Erinnerung daran in der Bevölkerung noch so stark, dass man den Namen der Göttin im Stadtnamen beließ. Ja vielleicht wurde, als Jahwe schon längst offiziell als der alleinige Gott galt, nach wie vor auch Anat angebetet.

Dass Anat schon Jahrtausende vor Jahwe verehrt wurde, ist inzwischen archäologisch bewiesen. 1929 wurden im alten Ugarit an der Nordküste Syriens unzählige uralte Tontafeln entdeckt. Eine Entzifferung der Keilschrifttexte ergab sehr viele klare Hinweise auf Göttinnenkulte. Eine sehr wichtige Rolle spielte einst ganz offensichtlich Göttin Anat. Die meisten Textzeugnisse stammten aus dem 14. Jahrhundert v. Chr., dürften aber auf deutlich ältere Texte zurückgehen.

Nach wie vor stiefmütterlich behandelt werden zahllose archäologische Funde aus dem Heiligen Land: Einst muss es Zigtausende von Terrakottafigürchen gegeben haben, die Göttinnen darstellten. E. Pilz veröffentlichte 1924 eine Studie mit dem Titel »Die weiblichen Gottheiten Kanaans«. Für den Wissenschaftler gab es keinen Zweifel: Es handelte sich um Darstellungen wichtiger Göttinnen. Pilz teilte die kunstvollen Figürchen in vier Gruppen ein: nackte Frau mit Händen vor der Brust, mit seitwärts gespreizten Händen (Blumen haltend), mit seitlich herabhängenden Händen und pfeilerförmige Figuren.

Pilz meinte klar erkennen zu können, was dargestellt wurde: einst mächtige, bedeutsame weibliche Gottheiten. Kurt Galling präzisierte 1977. Demnach handelte es sich bei den Statuetten um Darstellungen der göttlichen »Gefährtinnen Jahwes«. 1987 sprach S. Schroer im Zusammenhang mit den kostbaren Figürchen von »Himmelsköniginnen«. 1992 präzisierten O. Keel und Chr. Uehlinger: Man könne zwar keine der Göttinnenabbildungen mit Sicherheit konkret benennen, doch sei es recht wahrscheinlich, dass sie Astarte, Anat und Aschera darstellen sollen.

Urs Winter kommt nach ausgiebigem Studium der Kunstwerke ebenfalls zu dem Schluss, dass die Figürchen in der Regel Göttinnen darstellen. Allerdings glaubt er nicht wie Keel und Uehlinger, dass sie mit einer bestimmten, aus der Literatur bekannten göttlichen Gestalt identifiziert werden können. Er sieht die Statuetten allgemeiner als Personifizierungen der Beschützerin, Fürbitterin und Mittlerin. Die oft deutliche Hervorhebung der ausgeprägten Weiblichkeit stellt nach Winter die weibliche Machtfülle der Göttin dar.

Was die Untersuchung der kleinen Göttinnenplastiken stark erschwert, ist ihr teilweise extrem schlechter Zustand. Es ist nicht in erster Linie der Zahn der Zeit, der den religiösen Kunstwerken so arg zusetzte. Sie wurden vielmehr offensichtlich ganz bewusst zerstört. Warum sollten unzählige Künstler Tausende Göttinnenfiguren geschaffen haben, die dann offenbar mit Absicht zerschlagen wurden? Die Antwort liegt auf der Hand: Die Bildnisse der Göttinnen wurden von den Anhängern des Jahwekults als Verstoß gegen göttliches Gebot angesehen.

Gleich zwei Mal wird im Rahmen der mosaischen Gesetze ein konkretes Verbot ausgesprochen. Im zweiten Buch Mose (Kapitel 20, Vers 4) wird gefordert: »Du sollst dir kein Bildnis noch irgendein Gleichnis machen, weder von dem, was oben im Himmel, noch von dem, was unten auf Erden, noch von dem, was im Wasser unter der Erde ist.« Im fünften Buch Mose (Kapitel 5, Vers 8) wird wiederholt: »Du sollst dir kein Bildnis machen in irgendeiner Gestalt, weder von dem, was oben im Himmel, noch von dem, was unten auf Erden, noch von dem, was im Wasser unter der Erde ist.«

Über den Grund dieses Bilderverbots kann man spekulieren. Tatsache ist: Die mosaische Gesetzgebung sollte auch die Bedeutung von Jahwe als dem alleinigen Gott unterstreichen. Gott Jahwe, so lehrten es seine Priester, duldete keine anderen Götter neben sich, schon gar keine Göttinnen. Wurde das Verbot der Anfertigung von Bildnissen auch deshalb aufgestellt, damit unzählige Darstellungen von Göttinnen vernichtet werden mussten? Sollte so die Erinnerung an die Zeit der Verehrung von Göttinnen ausgelöscht werden? Sie passten den patriarchalisch denkenden Priestern überhaupt nicht ins Konzept: Jahwe war als einziger und männlicher Gott zu verehren, Göttinnen hatten aus der Glaubenswelt zu verschwinden.

Wie mit den Abbildungen fremder Götter, natürlich auch von Göttinnen, umzugehen war, bringt das mosaische Jahwe-Gesetz deutlich zum Ausdruck (2. Buch Mose, Kapitel 23, Vers 24): »Du sollst ihre Götter (die fremden Götter) nicht anbeten … sondern du sollst ihre Steinmale umreißen und zerbrechen.« Und genauso wurde mit Tausenden »Steinmalen« der Göttinnen verfahren!

Wie sich die Bilder gleichen: Die Geschichte von Gott beginnt nach dem Alten Testament mit dem Kampf Gottes gegen die Meeresgöttin Rahab. Der Gott des Alten Testaments tötete Rahab. Danach erst, und nicht zu Beginn »schuf Gott Himmel und Erde«. Psalm 89 weist noch konkreter auf diesen Zusammenhang hin (Verse 11 und 12): »Du (Gott Jahwe) hast Rahab zu Tode geschlagen … Himmel und Erde sind dein!« Im babylonischen Schöpfungsepos »Enuma Elisch« tritt Gott Marduk (Pendant zu Jahwe) gegen die Göttin Tiamat (Pendant zu Rahab) an, spaltete sie und formte daraus Himmel und Erde.

Die biblische Geschichte von Gott lässt auf die Erschaffung von Himmel und Erde bald die des Menschen folgen. Adam und Eva werden allerdings schon wenig später aus ihrem Paradies vertrieben. Harte Zeiten kommen auf die ersten Menschen zu (1. Buch Mose, Kapitel 3, Verse 16, 17 und 18): »Zum Weibe sprach er: Ich will dir viel Mühsal schaffen, wenn du schwanger wirst. Unter Mühen sollst du Kinder gebären … Und zum Manne sprach er: Verflucht sei der Acker um deinetwegen. Mit Mühsal sollst du dich von ihm nähren dein Leben lang Dornen und Disteln soll er dir tragen …«

Als literarische Vorlage diente auch hier das babylonische

»Enuma Elisch« (Tafel 6,1 und 6,5): »Als Marduk die Rede der Götter hörte, bekam er den Wunsch, kunstvolle Dinge zu schaffen. Er öffnete seinen Mund: ›Ich will Blut zusammenbringen und Knochen formen, ich will den Lullu (sumerisch für Mensch) ins Leben rufen, dessen Name Mensch sein soll. Ich will den Lullu-Menschen erschaffen, auf den die Mühsal der Götter gelegt sein soll.‹«

Das meistgelesene Buch über die Geschichte von Gott ist die Bibel. Judentum und Christentum sehen das Alte Testament als heiliges Buch, als Fundament des Glaubens an. Beide Religionen sind monotheistisch, beten zu einem einzigen Gott. Und der ist – liest man das Alte Testament oberflächlich – männlich. Gründliche Recherche aber führt zu einem anderen, für manche Zeitgenossen ketzerischem Resultat. Demnach gab es vor dem männlichen Gott des Alten Testaments die Göttin. Ihre Spuren finden sich versteckt im ersten Schöpfungsbeginn der Bibel, mit dem das Alte Testament eingeleitet wird. Er soll um 550 v. Chr. entstanden sein. Als Vorlage diente das babylonische Epos »Enuma Elisch«, um 1200 v. Chr. verfasst, mit deutlichen Hinweisen auf die Göttin, die den Himmel regierte, bevor ein männlicher Gott die Vorherrschaft an sich riss. Noch älter sind die heiligen Texte von Ugarit: Um 1500 v. Chr. huldigten sie der mächtigen Göttin. Aus dieser Zeit stammen unzählige Statuetten, die eindeutig Göttinnen darstellen.

Die Göttin in Europa

Um 1700 v. Chr. endete auf Kreta die jahrtausendealte minoische Kultur. Arthur Evans hat sie um 1900 entdeckt, als er Erzählungen der altkretischen Mythologie auf ihren

Wahrheitsgehalt hin überprüfte. Sie führten ihn zu den Palästen von Minos. In ersten Veröffentlichungen beschrieb Arthur Evans die jahrtausendealte Kultur als patriarchalisch. Männliche Götter dominierten das Leben. Frauen waren für untergeordnete Tätigkeiten bestimmt. Sie gehorchten, dienten und beteten an. Objektiv betrachtet, konnten seine Interpretationen allerdings kaum überzeugen. Denn in der Kunst von Minos standen starke Frauen im Vordergrund. Die angeblich so mächtigen männlichen Götter sind in der Kunst geradezu zwergenhaft dargestellt.

Da prangt auf einem der berühmten Siegelringe von Knossos eine Frau in prachtvollem Gewand. Wegen seiner Winzigkeit kaum zu erkennen ist so etwas wie ein männliches »Engelchen« mit Flügeln am Himmel. Offenbar wollte Arthur Evans unbedingt Hinweise auf einen männlichen Götterkult erkennen. Also erklärte er den winzigen Engel zum Gott und die im Mittelpunkt stehende imposante weibliche Gestalt zur unbedeutenden Anbeterin.

Doch 30 Jahre später revidierte Arthur Evans sein Bild von Knossos. Aus dem Engel wurde die unbedeutende Randfigur, die er ja tatsächlich war. Und die dominierende Frau wurde als die große Göttin erkannt. Die minoische Kultur muss von ihren ältesten Anfängen, etwa 6000 v. Chr., von der großen Göttin bestimmt worden sein. In großen Höhlen im Gebirge wurde Rhea, die Muttergöttin, verehrt. Sie wurde als dreifaltige Göttin angebetet: als süße Jungfrau Dictynna, als mütterliche Gesetzgeberin vom heiligen Berg und als Urheberin der ägäischen Zivilisation Aegea.

Als Emblem der mächtigen Muttergöttin wurde die Schlange gesehen. Während später im Alten Testament die Schlange als teuflische Verführerin verdammt wurde, wurde sie in der matriarchalischen Kultur von Minos als wohltätiger Geist verehrt. Besonders bedeutsam aber ist eine weitere, auf den ersten Blick unscheinbare Darstellung der großen Göttin von Kreta als Stein. Denn eben dieser Stein wird zugleich auch als »Nabelstein« oder als »Weltmitte« bezeichnet. Somit wird bildlich ausgesagt, dass die Göttin im Zentrum der Welt steht.

Arthur Evans besaß die Größe, seine ursprüngliche Meinung vollständig zu revidieren. Aus einem Verfechter eines Patriarchats auf Kreta wurde ein überzeugter Anhänger eines matriarchalischen Kreta. Er rückte wieder die Göttin ins Zentrum des religiösen Lebens, männliche Götter spielten nur noch unbedeutende Nebenrollen. Was Verfechtern des Patriarchats auch heute noch ein Ärgernis ist: Jahrtausende bevor der Monotheismus von den Verfassern des Alten Testaments »erfunden« wurde, hat man ihn bereits auf der Insel Kreta entwickelt. Nach Evans handelte es sich bei der uralten Religion von Kreta um einen »großen monotheistischen Kult, in welchem die weibliche Form der Gottheit den obersten Platz einnimmt.«

Arthur Evans sah den Kult um die Göttin von Minos nicht als einzigartig an. Vielmehr erkannte er eine ganze Reihe von Parallelen, die auch heute noch in den meisten Geschichten von Gott keine Berücksichtigung finden. Der minoischen Göttin entsprechen Kybele von Kleinasien, Ma von Syrien, Rhea der Griechen und die Astarte im Heiligen Land. Astarte war allerdings offiziell alles andere als beliebt bei den Anhängern des biblischen Jahwe-Glaubens. Die Herrin von Byblos dürfte aber bereits Jahrtausende vor dem Eingott Israels angebetet worden sein. Sumerische Rollsiegel aus Lagasch zeigen sie schon um 2300 v. Chr. als Himmelskönigin. Sie führte das Regiment über Sterne und Tote. Salomo, so berichtete es das erste Buch der Könige, betete Astarte an

(Kapitel 11, Vers 5): »So diente Salomo der Astarte.« Im Alten Israel spielte sie eine wichtige Rolle. Häufig wurden sogar Orte nach ihr benannt, zum Beispiel »Beth Aschtaroth« (Das Buch Josua, Kapitel 21, Vers 27).

Die Familienverhältnisse der Göttin muten auf den ersten Blick verwirrend an. Angeblich war sie eine Tochter von Aschera und El, der im Alten Testament häufig mit Jahwe gleichgesetzt wird. Demnach wäre also Astarte die Tochter von Jahwe und seiner Partnerin Aschera, die sich so lange das Allerheiligste im Tempel von Jerusalem teilten. Indem aber Astarte zur Tochter von El (alias Jahwe) gemacht wurde, wurde sie zugleich auch degradiert. Aus der Göttin, die einst den Himmel regierte, wurde die Tochter Jahwes. Auf diese Weise wechselten die beiden die Plätze: Die Göttin musste den Thron der Herrscherin verlassen, den dann Jahwe einnahm.

Vermutlich hätten die Jahwe-Anhänger am liebsten die himmlische Herrscherin gleich völlig aus der Geschichte von Gott gestrichen. Das konnte aber nicht gelingen, da die Erinnerung an die Göttin einfach zu stark war. So mussten sich die Jahwe-Vertreter damit begnügen, die Göttin zu degradieren. Ganz verschwinden lassen konnte man sie nicht. Sie erwies sich als zählebiger, als vielleicht ihre Anhänger zu hoffen gewagt hätten. Noch im dritten Jahrtausend nach Christus lebt sie in einem christlichen Fest weiter! Astartes Name bedeutete ursprünglich, sinngemäß übersetzt, »die, die gebärt«. Sie wurde als Symbol der Fruchtbarkeit verehrt. Symbol der Fruchtbarkeit ist der Hase.

Astarte existierte lange nach der Vernichtung Jerusalems als Göttin Astera weiter. Unser Osterfest erinnert an die einst mächtige Göttin. So kam über Astera-Astarte der Osterhase zum Osterfest. Auf diese kuriose Weise lebt die Erinnerung an eine einst mächtige Göttin in Zeiten des Matriarchats auch in unseren Tagen weiter, auch wenn kaum noch jemand die ursprüngliche Bedeutung von Ostern kennt.

Arthur Evans stieß kühn ein Tor zu einer neuen, faszinierenden Erforschung der Bedeutung der Göttin in der Geschichte von Gott auf. Marija Gimbutas (1921–1994) forschte vorurteilslos und kam wie Arthur Evans zu der Erkenntnis, dass einst die Göttin und nicht Gott das religiöse Leben bestimmte. Die herausragende Wissenschaftlerin, die Texte in dreizehn Sprachen lesen konnte, wurde 1950 an die renommierte Universität von Harvard berufen. Marija Gimbutas leitete fünf große Ausgrabungsprojekte im ehemaligen Jugoslawien, in Mazedonien, Griechenland und in Italien. Über viele Jahre hinweg verglich sie die wissenschaftlichen Forschungsergebnisse von 3000 Grabungsstätten in Europa. Dabei waren mehr als dreißigtausend Miniaturskulpturen entdeckt worden, die allesamt Göttinnen darstellen. Marija Gimbutas fasste ihre Erkenntnisse 1982 in ihrem Buch »The Goddesses and Gods of Old Europe« zusammen. Demnach wurde Europas Religion in der Altsteinzeit von der Göttin bestimmt.

Marija Gimbutas schrieb (aus dem Englischen vom Verfasser übersetzt): »Es wird die Dauer der Verehrung der Göttin von mehr als 20000 Jahren von der Altsteinzeit bis in die Jungsteinzeit und darüber hinaus bewiesen – durch die Kontinuität einer Fülle von festgelegten Bildern der Göttin … Die Kultur von Alteuropa war bestimmt von der Vorherrschaft der Frau in der Gesellschaft und in der Verehrung der Göttin. Die Göttin steht für das schöpferisch-kreative Prinzip, ist sie doch der Ursprung und diejenige, die alles gibt.«

Das von der Göttin regierte Europa war riesig. Es umfasste die Balkanhalbinsel, reichte von Süd- und Mittelitalien im Westen bis zum Donauraum im Norden, im Osten bis zur

Ukraine und zum Schwarzen Meer, schließlich bis zum Ägäischen Meer, an die Küste Kleinasiens und Kreta im Süden.

Um 3000 bis 5000 v. Chr. gab es einen kulturellen Umsturz in Europa. Er mag sich über Jahrhunderte erstreckt haben. Klar ist nur: Die Indoeuropäer strömten nach Europa, vielleicht weil sie eine Naturkatastrophe in ihrer Heimat dazu zwang. Zwei Kulturen prallten aufeinander: Die jahrzehntausendealte matriarchalische Kultur wurde von der indogermanischen überrannt. Woher die Indoeuropäer kamen, ist bis heute ebenso umstritten wie ihre ursprüngliche Religion. Nur Bruchstücke der Welt der eindringenden Indoeuropäer konnten bislang rekonstruiert werden.

So wissen wir heute, dass ihre Gesellschaft eine patriarchalische war. Die Indoeuropäer beteten zu einem »himmlischen Vater«. Offensichtlich waren sie mit ihren berittenen Truppen den alteuropäischen Kulturen hoch überlegen, die anscheinend auch gar keinen militärischen Widerstand leisteten. Die Archäologie entdeckte nicht die Spur von Verteidigungsanlagen, wohl aber tauchten plötzlich Waffen in fremden Gräbern auf. Offenbar waren die attackierten Menschen der Aggressivität der Indogermanen nicht gewachsen. Der Sieg der Indoeuropäer brachte einen gravierenden Wandel: Die Himmelsgöttin und ihre Töchter wurden verdrängt und durch männliche Gottheiten ersetzt. Zumindest wurde das versucht.

Marija Gimbutas konstatierte: »Die matriarchalische Kulturepoche wurde durch eine patriarchalische ersetzt. Die männliche Welt der Indoeuropäer, sie entstand nicht hier in Europa, sie wurde hier (in Europa) aufgezwungen … Die älteste europäische Kultur wurde auf barbarische Weise durch die patriarchalische Welt zerstört. Davon hat sie sich nie wieder erholt.«

Geschichte wird immer von Siegern geschrieben. Das gilt auch für Religionsgeschichte. Und doch gelang es den Indoeuropäern nicht, den Glauben an die Göttin gänzlich zu zerstören. Und so ist es auch heute noch möglich, die religiösen Welten vor dem Patriarchat zumindest teilweise zu rekonstruieren. Deshalb wissen wir, dass die Geschichte von Gott nicht mit den ersten Versen des ersten Buches Mose beginnt. Vorher gab es die Göttinnen: Rahab war eine von ihnen.

Heute ist die Göttin Rahab noch allenfalls einem kleinen Kreis von Spezialisten bekannt. Auch kundige Bibelleser denken bei Rahab nicht an eine Göttin aus uralten Zeiten des Matriarchats, sondern an eine ganz andere Rahab: an die Prostituierte aus dem Buche Josua. Ist diese Namensgleichheit ein Zufall? Oder sollte auf diese Weise der einst göttliche Name verunglimpft werden? Sollten die Erinnerungen an die Göttin Rahab aus uralten Zeiten durch Geschichten um die Prostituierte Rahab verdrängt werden?

Eine Parallele: Maria Magdalena wurde viele Jahrhunderte lang von der katholischen Kirche als »Dirne« und »Prostituierte« verunglimpft. Dabei gibt es nirgendwo im Neuen Testament auch nur den Hauch eines Hinweises, der diese beleidigende Behauptung stützt.

2. Es werde Licht: Vom Sonnengott Aton zu Jahwe

Nachdem die Urgöttin besiegt worden war, hatte Jahwe immer noch andere himmlische Konkurrenten, Göttinnen wie Götter: Im Schöpfungsbericht der Bibel wurden sie zu einfachen Lichtern am Himmelszelt degradiert. Die einst den Himmel beherrschten, wurden zu simplen Lampen gemacht. Und doch lebt der Sonnengott in der Bibel weiter: in seiner Kopie, genannt Jahwe. Heilige Texte aus dem Land der Pyramiden wurden verändert und in die Bibel aufgenommen. Aus einem alten Sonnengott wurde der erste Selbstmordattentäter – in der Bibel. Im Heiligen Land machte Jahwe einen Wandel durch: Aus einem unerreichbar fernen Gott wurde ein Partner der Kinder Israels. So sehr die Jahwisten fremde Religionen auch ablehnten: Echnatons Sonnengott, Jahwe und Allah schenkten »ihren« Menschen ganz ähnliche Gesetze.

Götter werden zu Lampen am Himmel degradiert

Der Schöpfungsbericht des Alten Testaments enthält aus der Sicht eines naturwissenschaftlichen Lesers einen logischen Fehler. Zunächst heißt es (1. Buch Mose, Kapitel 1, Verse 3–5): »Und Gott sprach: Es werde Licht! Und es ward Licht. Und Gott sah, dass das Licht gut war. Da schied Gott das Licht von der Finsternis und nannte das Licht Tag und die Finsternis Nacht. Da ward aus Abend und Morgen der erste Tag.«

Tag und Nacht aber kann es am »ersten Tag« noch gar nicht gegeben haben, denn Sonne und Mond werden erst am vierten Tag geschaffen. Es fällt auf, wie ausführlich die Erschaffung von Sonne, Mond und Sternen beschrieben wird (1. Buch Mose, Kapitel 1, Verse 14–19): »Und Gott sprach: Es werden Lichter an der Feste des Himmels, die da scheiden Tag und Nacht und geben Zeichen, Zeiten, Tage und Jahre und seien Lichter an der Feste des Himmels, dass sie scheinen auf die Erde. Und es geschah so. Und Gott machte zwei große Lichter: ein großes Licht, das den Tag regiere, und ein kleines Licht, das die Nacht regiere, dazu auch die Sterne. Und Gott setzte sie an die Feste des Himmels, dass sie schienen auf die Erde und den Tag und die Nacht regierten und schieden Licht und Finsternis. Und Gott sah, dass es gut war. Da ward aus Abend und Morgen der vierte Tag.«

Warum wird die Erschaffung von Licht und Finsternis so ausführlich und doppelt erzählt? Warum lässt Gott schon am ersten Tag »Tag und Nacht« entstehen, noch bevor Sonne, Mond und Sterne ans Firmament gesetzt werden? Auf diese Weise wird die »Unterscheidung« von Tag und Nacht ausschließlich als Werk Gottes beschrieben, nicht von Sonne und Mond. Gott macht das Licht am ersten Tag. Sonne, Mond und Sterne werden erst am vierten Tag als Lampen unterschiedlicher Größe an den Himmel gehängt. Was wie ein naiver, aus wissenschaftlicher Sicht falscher Text erscheint, hat theologisch ganz enorme Bedeutung.

Der biblische Schöpfungsbericht entstand aus einer Haltung des Protests gegenüber der Theologie der Babylonier. Die Babylonier verehrten Sonne, Mond und Planeten als mächtige Götter. Verfasst wurde der Text nicht im Heiligen Land, sondern um 550 v. Chr. in der babylonischen Gefangenschaft. Die führenden Köpfe der Juden waren verschleppt worden. Zweifel am Gott Israels kamen auf. Hatte er versagt, seinem Volk keinen Schutz bieten können?

In dieser Situation entstand der Schöpfungsbericht als Abgrenzung gegenüber fremdem Glaubensgut. Gläubige Juden wollten den eigenen Glauben schriftlich fixieren, auch um in der Fremde dem eigenen Glauben treu zu bleiben. Ohne Zweifel wollte man sich auch von ägyptischen Glaubenslehren distanzieren. Für die Ägypter war, wie der Historiker Plutarch festhielt, der Mond »Mutter des Universum«. Gegen diese Verehrung bezieht der biblische Schöpfungsbericht ganz klar Stellung, indem er den Mond zur schlichten Lampe degradiert, die wie eine profane Laterne am Firmament in der Nacht Licht spendet. Damit verlor der Mond jede Göttlichkeit – zumindest auf dem geduldigen Papier! Und in der Praxis?

In der Geschichte von Gott haben Sonne und Mond wohl immer eine zentrale Rolle gespielt. In den Zeiten des Alten Testaments zeigte es sich offenbar, dass alte Glaubensüberlieferungen nicht so einfach aus der Welt zu schaffen sind. So muss man vermuten, dass noch zu Zeiten des Jahwe-Kults Erinnerungen an Sonne und Mond als Gottheiten lebendig waren. Wurde den himmlischen Gottheiten den Jahwe-Anhängern zum Trotz noch weiter gehuldigt? Ausdrücklich und konkret fordert das mosaische Gesetz (5. Buch Mose, Kapitel 4, Vers 19): »Hebe auch nicht deine Augen auf gen Himmel, dass du die Sonne sehest und den Mond und die Sterne, das ganze Heer des Himmels, und fallest ab und betest sie an und dienest ihnen. Denn Jahwe, dein Gott, hat sie zugewiesen allen andern Völkern unter dem ganzen Himmel!«

Im 5. Buch Mose (Kapitel 17, Verse 2–5) wird jeder Jahwe-Anhänger aufgefordert, Sonnen- und Mondanbeter zu töten: »Und wenn du findest, dass … solch ein Gräuel in Israel geschehen ist, so sollst du den Mann oder die Frau, die eine solche Übeltat begangen haben, hinausführen zu deinem Tor und sollst sie zu Tode steinigen.«

Die Verehrung des Mondes lässt sich weit über die Grenzen des Landes der Bibel, ja weltweit nachweisen. Einige Beispiele sollen genügen: Beim Volk der Aschanti aus Ghana gab es einen Sammelbegriff für alle Gottheiten, »Boshun«. Und der war mit »Mondin« identisch. »Frau Mond« wurde also als Sammelbegriff für alle Götter benutzt. Im Gälischen nannte man den Mond »gealach«, nach der göttlichen Mondmutter. Auch die Polynesier verehrten den Mond, freilich nicht als simplen Himmelskörper, der die Erde umkreist. Sie setzten die »Mondin« mit der Schöpferin Hina gleich. Die baskische Sprache kannte keinen Unterschied zwischen »Mond« und »Gottheit«. Die Finnen titulierten ihre göttliche Schöpferin Luonnotar nach der Mondgöttin. Einer der Namen für die Schöpferin war bei den Skandinaviern »Mardoll«, was sich übersetzen lässt als »Mondin, die über dem Meer scheint«.

Wie es zu einer Vergöttlichung des Mondes in aller Welt kam, lässt sich leicht nachvollziehen. Wohl und Wehe der Völker hing von der Fruchtbarkeit ab: von der Fruchtbarkeit der Natur wie der Frauen. Unfruchtbarkeit auf den Feldern und Weiden bedeutete Nahrungsmittelknappheit und Hunger. Unfruchtbarkeit bei den Frauen würde das Aussterben der eigenen Familie, des Volkes zur Folge haben.

Auch einfache Naturvölker ohne wissenschaftliche Erkenntnisse vermuteten offensichtlich Zusammenhänge, wie jenen zwischen dem Mond- und Menstruationszyklus der Frau von 28 Tagen. Wenn es eine sichtbare »Göttin« der Weiblichkeit am Himmel gab, dann war das der Mond. Mit Sicherheit haben weltweit schon Naturvölker vor Jahrtausenden den Mond und die Fruchtbarkeit der Frau miteinander in Verbindung gebracht. Niemand vermag zu sagen, wie viele Jahrtausende das Bild von der heiligen Mondin fest zum religiösen Glauben vieler Völker gehörte.

Plutarch fasste die Überzeugung der ägyptischen Priester zusammen: Der Mond »besitzt das Licht, das schwanger macht und die Zeugung lebender Wesen und die Befruchtung von Pflanzen fördert«. Mit anderen Worten: Alles Leben hing von den göttlichen Mondkräften ab.

Die Verfasser des biblischen Schöpfungsberichts ganz zu Anfang des ersten Buches Mose degradierten die einst mächtige Mondgöttin zur prosaischen Lampe am Firmament. Warum wurde auch aus der Sonne ein »Licht«? Bei den alten Araberinnen hieß die Sonne Atthar und hatte mit der Bezeichnung »Fackel der Götter« einen ehrenvollen Beinamen. Wie in der arabischen Welt wurde die Sonne auch von anderen Völkern als weibliche Gottheit betrachtet. Die Hindus nannten sie Aditi, die alten Britannier Sul. Die Keltinnen beteten zu »Sulis«, die alten Germanen zu »Sunna«.

Vom Sonnengott zu Jahwe

Fast ein Jahrtausend vor dem ersten Schöpfungsbericht des Alten Testaments entstand der berühmte »Sonnengesang« Echnatons. Als Amenophis IV. bestieg er mit erst vierzehn Jahren den Thron Ägyptens. Sein Thronname »Neferche-peru-Re, Wa-en-Re« lässt sich übersetzen mit »vollkommene Gestalten, ein Re, Einziger des Re«. Re war zu allen Zeiten der höchste und wichtigste Gott der Ägypter. Ihm war es, so glaubten die Menschen im Land am Nil jahrtausendelang, zu verdanken, dass es überhaupt Leben auf der Erde gab und dass es bestehen konnte. Einst, so heißt es, wurde Ägypten von Göttern regiert. Re war der erste von ihnen, der am Anfang der Zeit auf Erden herrschte. Irgendwann verließ er die Erde und kehrte in den Himmel zurück.

Die Sonne als oberster Gott und Herrscher über unzählige untergeordnete Gottheiten war für die Vertreter Jahwes schon eine unerträgliche Vorstellung. Doch Amenophis IV. machte aus dem Götterchef Re den alleinigen Gott Aton. Somit war die Sonne nicht nur die höchste, sondern die einzige Gottheit. Amenophis IV. nannte sich in Echnaton um. Und sein neuer Name war Programm: Ach-n-jtn (Echnaton), der Aton dient oder nützlich ist. Aton wurde zum Weltenschöpfer, der mit seinem Lauf über den Himmel für den Fortbestand von Erde und Menschheit sorgt.

Im 17. Jahr seiner Regentschaft starb Echnaton. Seine religiöse Revolution wurde rasch wieder rückgängig gemacht. Der ägyptische Erfinder des Monotheismus wurde zum Ketzer abgestempelt. Wie so oft in der Geschichte von Gott spielten dabei massive finanzielle Interessen und skrupellose Machtpolitik eine zentrale Rolle. Echnaton hatte mit einem Federstrich das komplexe religiöse System Ägyptens abgeschafft. Das gewachsene System der mächtigen Priesterschaft galt nicht mehr. Ganze Heere von Priestern wurden arbeitslos. Ein lukratives Geschäft war abgeschafft worden. Nach Echnatons Tod kehrte man in Ägypten wieder zum alten Vielgötterglauben zurück.

Echnatons Eingottglaube war in der Jahrtausende währenden ägyptischen Geschichte von Gott nur ein kurzes Zwischenspiel. Die Jahrtausende überdauert hat aber Echnatons »großer Hymnus«, auch »Sonnengesang« genannt. Echnaton preist darin die Sonne als alleinige Gottheit: »Schön erscheinst du im Horizonte des Himmels, du lebendige Sonne, die das Leben bestimmt!« Aton ist der Gott, dem alles Leben auf Erden seine Existenz verdankt: »Der du den Samen sich entwickeln lässt in den Frauen, der du Wasser zu Menschen machst, der du den Sohn am Leben erhältst im Leib seiner Mutter und ihn beruhigst, so dass seine Tränen versiegen – du Amme im Mutterleib! –, der du Atem spendest, um alle Geschöpfe am Leben zu erhalten. Kommt (das Kind) aus dem Mutterleib heraus, um zu atmen am Tag seiner Geburt, dann öffnest du seinen Mund vollkommen und sorgst für seine Bedürfnisse.«

Unermüdlich preist Echnaton seinen Gott, dem er ehrerbietig dienen möchte. »Einzig bist du, wenn du aufgegangen bist, in all deinen Erscheinungsformen als lebendiger Aton, der erscheint und erglänzt, sich entfernt und sich nähert; du schaffst Millionen von Gestalten aus dir allein – Städte, Dörfer und Äcker, Wege und Strom. Alle Augen sehen sich dir gegenüber, wenn du als Sonne des Tages über dem Land bist.« Echnaton hegt keinerlei Zweifel: Aton, der höchste Gott, ist die Sonne.

Jahwe war keineswegs von Anfang an ein ebenbürtiger Konkurrent für Aton. Als eher unbedeutender Lokalgott konnte er sich ursprünglich nicht mit dem Sonnengott der Ägypter messen. Jahwe war im Land der Bibel nicht immer der Weltenschöpfer und der Gott schlechthin. Er übernahm diese Rolle erst vermutlich von El, der lange vor Jahwe als eine Art göttlicher Übervater verehrt wurde.

Sicher ist, dass man sich Jahwes Wohnort ursprünglich tatsächlich als einen Berg vorgestellt hatte, vermutlich war also Jahwe ursprünglich eine Berggottheit des südlichen Wüstengebietes. Für diese Annahme spricht die Verherrlichung Jahwes in einem der ältesten Texte der Bibel überhaupt, im sogenannten Debora-Lied (Das Buch der Richter,

Kapitel 5, Vers 4): »Jahwe, als du von Seir auszogst und einhergingst vom Gefilde Edoms, da erzitterte die Erde … die Berge wankten vor Jahwe, der Sinai vor Jahwe, dem Gott Israels.«

Man kann das Debora-Lied in der Tat so verstehen, dass Jahwe ursprünglich in der Region von Edom verehrt wurde. Vielleicht entwickelte sich Jahwe aus Qaus, dem Hauptgott der Edomiter. Sein Name, der sich mit »Regenbogen« übersetzen lässt, erinnert an die biblische Geschichte von Noah. Nach der Sintflut wurde der Regenbogen Symbol für Gott und seine Verbundenheit mit Israel.

Die Jahwe-Anhänger mussten über viele Jahrhunderte konkurrierende Götter und deren Anhänger fürchten. Zu den mächtigsten Konkurrenten gehörte mit Sicherheit ein Sonnengott. An einen uralten Kult um einen solchen Sonnenkult erinnert im Alten Testament nur noch der Name einer Stadt: Beth Schemesch, zu Deutsch »Haus der Sonne«. Hier dürfte einst ein Sonnenheiligtum gestanden haben. Beth Schemesch ist in seinen Ursprüngen uralt. Die Stadt wurde einst von den Kanaanäern und Hyksos bewohnt. Ihr Ursprung verliert sich in der Dunkelheit der fernen Vergangenheit. Bereits vor rund vier Jahrtausenden, im 18. Jahrhundert v. Chr., trotzten ihre Mauern anrückenden Feinden. Josua (Kapitel 11, Vers 16–21) erwähnt sie im Zusammenhang mit der Eroberung des Landes durch die Israeliten, unter Führung von Gott Jahwe selbst. Auch bei der Rückkehr der Bundeslade, des heiligsten Kultgegenstands der Juden, wird Beth Schemesch erwähnt (1. Buch Samuel, Kapitel 6, Vers 12).

Wie mag der Sonnengott jener geheimnisvollen Stadt geheißen haben? Wir wissen es nicht. Denn Schemesch ist kein Eigenname, sondern heißt nur »Sonne«. Eine Vermutung drängt sich auf: Lebte im Sonnenkult im Heiligen Land die Verehrung des babylonischen Schamsch weiter? Auch das wissen wir nicht. Der mysteriöse Sonnengott fand als eine der berühmtesten biblischen Gestalten Eingang in die Bibel. Das »biographisch-bibliographische Bibellexikon« (www.bautz.de/bbkl) gibt einen deutlichen Hinweis: »Simson. Israelitischer Held der vorstaatlichen Zeit aus dem Stamm Dan, als dieser noch im Grenzgebiet zu den Philistern lebte. Der Name bezieht sich auf die Sonne (Schämäsch) und hängt möglicherweise ursprünglich mit dem im nahe gelegenen Ort Beth-Schämäsch verehrten Sonnengott zusammen. In der griechischen Übersetzung ist der Name als Sampson, in der lateinischen Übersetzung als Samson wiedergegeben.«

Samson, auch Simson genannt, ist einer der Helden aus der Frühzeit Israels. Offenbar war er einst mehr: ein angebeteter Sonnengott. Weil sein Wirken als himmlischer Heros nicht in Vergessenheit geriet, degradierten ihn biblische Autoren vom Sonnengott zum menschlichen Superhelden. Seine Taten finden sich noch heute im Buch der Richter (Kapitel 13–16) ausführlich beschrieben.

Samsons Leben endete durch Gewalt (Buch der Richter, Kapitel 16, Verse 27–30): »Das Haus aber war voller Männer und Frauen. Es waren auch alle Fürsten der Philister da, und auf dem Dach waren etwa dreitausend Männer und Frauen, die zusahen, wie Simson seine Späße trieb. Simson aber rief den Herrn an und sprach: Herr, denke an mich und gib mir Kraft, Gott, noch dies eine Mal, damit ich mich für meine beiden Augen einmal räche an den Philistern. Und er umfasste die zwei Mittelsäulen, auf denen das Haus ruhte, die eine mit seiner rechten und die andere mit seiner linken Hand, und stemmte sich gegen sie. Und sprach: Ich will sterben mit den Philistern! Und er neigte sich mit aller Kraft. Da fiel das Haus auf die Fürsten und auf alles Volk, das darin war, so dass es mehr Tote waren, die er durch seinen Tod tötete, als die er zu seinen Lebzeiten getötet hatte.«

So endet in der Bibel ein einstiger allmächtiger, wohl unsterblicher Gott als ein Selbstmordattentäter, der Tausende mit in den Tod reißt. Der Gott geriet tatsächlich in Vergessenheit, der Kraftprotz, der zum Schluss Jahwe um Hilfe bat, indes blieb.

Die Geschichte von Gott, wie sie das Alte Testament erzählt, schildert den Aufstieg von Jahwe zum alleinigen Gott im Heiligen Land. Jahwe-Anhänger wollten keinen konkurrierenden Sonnengott neben Jahwe dulden. Also degradierten die Verfasser des ersten Schöpfungsberichts der Bibel die Sonne zu einer Lampe am Himmel. Somit sollte jede ehrende Erinnerung an die mächtige Sonnengottheit von einst ausgelöscht werden. Und doch blieb die Sonne im Christentum in positivem Sinne erhalten – im Namen des allwöchentlichen Feiertags, der Gott geweiht werden soll: Sonntag! Ausgerechnet der »Tag des Herrn« trägt im Christentum auch zu Beginn des dritten Jahrtausends die einst göttliche Sonne im Namen!

Unbekannte biblische Autoren schrieben den »Sonnengesang« Echnatons zu einer Hymne auf Jahwe um. Sie formulierten um, übertrugen aber getreu den Geist des uralten religiösen Textes auf einen anderen Gott. Die revidierte Fassung, also die »Jahwe-Version«, wurde als Psalm 104 in die Bibel aufgenommen. Kathrina Schaub hat mit wissenschaftlicher Akribie Echnatons Lobpreisung mit der Hymne auf Jahwe verglichen. Ihr Resultat: »Oft sind Hymnen, die zum gleichen Thema geschrieben werden, ähnlich und können sich inhaltlich überschneiden. Die Übereinstimmungen dieser beider Hymnen sind allerdings so groß, dass man nicht von Zufall reden kann.«

Von ganz besonders großer Bedeutung sind aber nicht die starken Ähnlichkeiten zwischen dem »Sonnengesang« Echnatons und Psalm 104, sondern die Unterschiede. Sie verdeutlichen, wie die Geschichte von Gott verändert wurde.

Der »Sonnengesang« ist eindeutig das Werk Echnatons. Der Hinweis auf die Verfasserschaft fehlt bei Psalm 104. Jeder Gläubige kann den Psalm beten und sich leicht in die Rolle des Psalmdichters hineinversetzen. Der Lobpreis Gottes wurde vom elitären Text für den Herrscher demokratisiert zum Lobeslied für alle.

Echnaton preist die Sonne als höchsten und einzigen Gott. Im Psalm 104 (Vers 19) hingegen heißt es lapidar: »Die Sonne weiß ihren Niedergang.« Diese Aussage ist eindeutig doppeldeutig. Vordergründig gibt es da eine astronomische Bedeutung: Die Sonne kennt ihren täglichen Lauf. Sie »weiß«, dass sie als Himmelskörper auf- und untergeht. Damit verliert sie ihre geradezu magisch-mystische Macht. Im Alten Ägypten hatte man geglaubt, dass der Sonnengott nächtens ins Totenreich hinabsteigt und so Herr über Leben und Tod ist. Diese übernatürliche Macht hat die Sonne als »Lampe« verloren.

Es gibt noch eine weitere theologische Aussage, die im Text verborgen ist, die allerdings ist brisanter: »Die Sonne – also Aton – weiß ihren Untergang.« Aton gibt sich Jahwe geschlagen. Aton weiß, dass er verliert und Jahwe gewinnt. Jahwe hat also gesiegt: Er hat in Psalm 104 Aton aus der Position als der alleinige Gott verdrängt. Die Sonne ist nur noch bescheidener Teil der Schöpfung. Jahwe fährt – wie einst der Sonnengott – »auf den Wolken wie auf einem Wagen«. (Psalm 104, Vers 3) Jahwe herrscht über alles, über Tiere wie über Menschen und über die Natur (Vers 32): »Er schaut die Erde an, so bebt sie. Er rührt die Berge an, so rauchen sie.«

Psalm 104 preist Jahwe als den allmächtigen Schöpfer. Doch anders als der ägyptische Sonnengott Aton wird Jahwe im Alten Testament zum Gegenüber des Menschen. Im ersten Buch Mose (Kapitel 3, Vers 8) wird Jahwe beschrieben, wie er nach einem heißen Tag einen Spaziergang durch den Garten Eden macht. Adam und Eva, die ersten Menschen, werden wegen des Sündenfalls aus dem Paradies verbannt. Wegen der »Bosheit« der Menschen lässt Jahwe bald die große Flut fast alles Leben auf Erden auslöschen. Nur Noah und einige Familienangehörige sowie von »allen Tieren je ein Paar« überleben die Katastrophe in der berühmten Arche. Empört über die Sünden der Menschen, löst Gott die Katastrophe von Sodom und Gomorrha aus, lässt Feuer vom Himmel fallen und vernichtet die Städte.

Vom fernen Himmelsgott zum nahen Partner

Obwohl Gott mit seiner Schöpfung immer wieder unzufrieden ist, schließt er wiederholt einen Vertrag mit auserwählten Menschen: zunächst mit Noah (1. Buch Mose, Kapitel 9), dem er verspricht, keine Todesflut mehr zu schicken. Dann kommt es zu einem »ewigen Bund« zwischen Jahwe und Abraham (1. Buch Mose, Kapitel 17, Vers 1), der ein »Vater vieler Völker« werden soll. Jahwe bleibt allmächtig wie der ägyptische Gott Aton, aber er begegnet den Menschen auch immer wieder als Partner fast in Augenhöhe.

Im Hebräischen heißt der Vertrag, den Gott mit Noah und später mit Abraham schließ, »berith«. Durch die Übersetzung dieses juristischen Begriffs ins Griechische (»diatheke«) und dann ins Lateinische (»Testamentum«) kam die irrige Bezeichnung »Testament« ins Spiel. Und da der Bund zwischen Gott und den Menschen im Zentrum der heiligen Schriften des Judentums steht, wurde daraus das »Alte Testament«. Mit einem »Testament« im heutigen juristischen Sinne hat das »testamentum« allerdings nichts zu tun.

Etwas ganz Entscheidendes tut sich in der Geschichte von Gott! Gott ist nicht mehr das allmächtige Wesen, das als Sonne über den Himmel zieht. Gott macht sich zum Partner des Menschen, mit dem er einen Vertrag abschließt. Naturvölker haben überall in der Natur Gott gesehen: im Wachsen der Saat, im Regen, im Blitz und im Donner. Die alten Ägypter verherrlichten den höchsten Gott in der Sonne, der für den Menschen unerreichbar dennoch das Schicksal der Menschen bestimmte.

Jahwe hingegen ging auf die Menschen zu. Er stieg vom Himmel herab, wie im zweiten Buch Mose (Kapitel 19, Verse 16–20) beschrieben: »Als nun der dritte Tag kam und es Morgen ward, da erhob sich ein Donnern und Blitzen und eine dichte Wolke auf dem Berge und der Ton einer sehr starken Posaune. Das ganze Volk aber, das im Lager war, erschrak. Und Mose führte das Volk aus dem Lager Gott entgegen, und es trat unten an den Berg. Der ganze Berg Sinai aber rauchte, weil der Herr (Jahwe) auf den Berg herabfuhr im Feuer; und der Rauch stieg auf wie der Rauch von einem Schmelzofen, und der ganze Berg bebte sehr. Und der Posaune Ton ward immer stärker. Und Mose redete, und Gott antwortete ihm laut. Als nun Jahwe herniedergekommen war auf den Berg Sinai, oben auf seinen Gipfel, berief er Mose hinauf auf den Gipfel des Berges, und Mose stieg hinauf.«

Der Gott des Alten Testaments ließ sich zum Menschen herab, aber er duldete es nicht, wenn der Mensch in himmlische Sphären emporzusteigen versuchte. So zerstörte Jahwe den Turm zu Babel, weil er es den Menschen auf keinen Fall erlauben wollte, die Grenze vom Menschlich-Irdischen zum Himmlisch-Göttlichen zu überschreiten. Allein der allmächtige Gott konnte den schwachen Menschen einen Pakt anbieten. Die Vertragsklauseln waren klar. Der Mensch durfte nur Jahwe als alleinigen Gott anerkennen. Nur dieser eine Gott durfte verehrt und verherrlicht werden. Anbetung anderer Götter war ein todeswürdiges Vergehen. Als Gegenleistung musste das göttliche Gesetz befolgt werden. Dafür – so die Bibel – befreite Gott sein Volk aus der ägyptischen Sklaverei und führte es ins »Gelobte Land«.

Verschiedene Götter – ähnliche Gesetze

Laut biblischem Bericht fuhr Gott vom Himmel herab und gewährte Moses eine Audienz auf dem Heiligen Berg. Dabei erhielt Moses von Gott selbst zunächst zwei Tafeln. Beidseitig beschrieben, hielten sie offenbar alle göttlichen Vorschriften fest. Als Moses vom Heiligen Berg zurückkam, musste er entsetzt feststellen, dass sein Volk ein fremdes Kultidol anbetete. Wütend zerbrach Moses die Gesetzestafeln. Bei einem zweiten Besuch Mose auf dem Heiligen Berg wurden ihm von Gott »die zehn Worte« diktiert (2. Buch Mose, Kapitel 34, Vers 28). Diese »zehn Worte« finden sich in der Bibel allerdings bereits vor dem zweiten Besuch Mose auf dem Berg Gottes. Bereits im 20. Kapitel des 2. Buches Mose (Verse 1–17) werden sie vorgetragen.

Ursprünglich standen die »Zehn Gebote« ohne besondere Hervorhebung im Gesamtkontext der zahlreichen mosaischen Vorschriften. Vom gläubigen Juden musste eine Vielzahl von Vorschriften und Gesetzen befolgt werden. Insgesamt enthält die Thora 613 Gebote. Davon sind 365 Verbote und 248 positive Gebote. Dieses umfangreiche Gesetzeswerk regelt das Leben der Menschen auf das Genaueste. Nicht alle Vorschriften waren für jedermann von Bedeutung. So mussten bestimmte Vorschriften nur von den Jahwe-Priestern befolgt werden. Die Flut von Gesetzen erschwerte jedem Gläubigen, der sie Punkt für Punkt befolgen wollte, das Leben ungemein. Jahrhundertelang stritten jüdische Rechtsgelehrte über die Auslegung der Gebote. Besonders umstritten war die Frage, was am Sabbat noch getan werden darf und was schon gegen das Ruhegebot verstößt.

Kurz und bündig heißt das erste Gebot in der Fassung von Luther im Glaubenskatechismus: »Ich bin der Herr, dein Gott. Du sollst nicht andere Götter haben neben mir.« Nach dieser Version erhebt Gott Jahwe allgemein den Anspruch, von allen Menschen als einziger Gott anerkannt zu werden. Im mosaischen Text der Bibel hingegen richtet Jahwe seine Forderung gezielt an das Volk der Kinder Israels. Weil er die Kinder Israels aus der ägyptischen Sklaverei errettet hat, sollen sie aus Dankbarkeit ausschließlich ihn, Jahwe, als Gott anbeten: »Ich bin der Herr, dein Gott, der ich dich aus Ägyptenland, aus der Knechtschaft, geführt habe. Du sollst keine anderen Götter haben neben mir. Du sollst dir kein Bildnis noch irgendein Gleichnis machen, weder von dem, was oben im Himmel, noch von dem, was unten auf Erden, noch von dem, was im Wasser unter der Erde ist: Bete sie nicht an und diene ihnen nicht! Denn ich, der Herr, dein Gott, bin ein eifernder Gott, der die Missetat der Väter heimsucht bis ins dritte und vierte Glied an den Kindern derer, die mich hassen, aber Barmherzigkeit erweist an vielen Tausenden, die mich lieben und meine Gebote halten.«

Es stellt einen entscheidenden Schritt in der Geschichte von Gott dar, dass verallgemeinernd von allen die Befolgung der Gebote gefordert wird, die ursprünglich nur für die Juden relevant war.

Die Gebote zwei und drei sind letztlich Ergänzungen zum ersten: »Du sollst den Namen des Herrn, deines Gottes, nicht missbrauchen; denn der Herr wird den nicht ungestraft lassen, der seinen Namen missbraucht.

Gedenke des Sabbattages, dass du ihn heiligest. Sechs Tage sollst du arbeiten und alle deine Werke tun. Aber am siebenten Tage ist der Sabbat des Herrn, deines Gottes. Da sollst du keine Arbeit tun, auch nicht dein Sohn, deine Tochter, dein Knecht, deine Magd, dein Vieh, auch nicht dein Fremdling, der in deiner Stadt lebt. Denn in sechs Tagen hat der Herr Himmel und Erde gemacht und das Meer und alles, was darinnen ist, und ruhte am siebenten Tage. Darum segnete der Herr den Sabbattag und heiligte ihn.«

Interessanterweise existiert eine zweite Fassung der »Zehn Gebote« (5. Buch Mose, Kapitel 5, Verse 6–21). In dieser zweiten Fassung gibt es eine andere Begründung für das Gebot, den Feiertag zu heiligen. Am siebten Tag soll sich der gläubige Jude daran erinnern, dass seine Vorfahren einst selbst Knechte waren in Ägypten und dass sie von Gott Jahwe aus der Sklaverei befreit wurden. Deshalb soll jeder Jude, der selbst kein Knecht mehr ist, seinen Knechten am siebten Tag die Gelegenheit geben, sich von der harten Arbeit auszuruhen. Erneut wird in dieser zweiten Version der Zehn Gebote Gehorsam als Gegenleistung für die Befreiung aus Ägypten gefordert. Allerdings hat es den legendären Auszug von mehr als einer Million Menschen aus Ägypten ins Heilige Land nach den Erkenntnissen moderner Historiker gar nicht gegeben. Zu keinem Zeitpunkt der ägyptischen Geschichte hielten sich die Ägypter so ein gewaltiges Sklavenheer. Auch viele Jahrzehnte intensiver archäologischer Ausgrabungen haben nicht den kleinsten Hinweis auf so eine Massenflucht ergeben. Und in der sonst geradezu pedantischen Geschichtsschreibung der Ägypter wird weder erwähnt, dass es ein riesiges Sklavenheer in Ägypten gab, noch dass so viele Sklaven aus dem Land am Nil flohen. Man bedenke: Wenn es tatsächlich einmal eine Millionen Sklaven gegeben hätte, dann wäre durch das plötzliche Verschwinden dieser Arbeitskräfte Ägypten in eine schlimme Krise gestürzt worden.

Man muss daher davon ausgehen, dass die so ausführliche Fluchtgeschichte nicht historisch, sondern fromme Fiktion gläubiger Juden ist. Es ging ihnen nicht darum, Historie im heutigen Sinn zu schreiben. Es sollte die religiöse Überzeugung zum Ausdruck gebracht werden, dass Gott Jahwe seinem Volk aus der Fremde zur Flucht ins Gelobte Land verhalf. Die Geschichte von Gott ist eben häufig die Darstellung von religiösen Überzeugungen und nicht in erster Linie von historischen Tatsachen.

Die weiteren sieben Gebote regeln kurz und bündig das Leben der Menschen miteinander. Gott Jahwe fordert einen humanen Umgang der Juden miteinander:

4. Gebot: »Du sollst deinen Vater und deine Mutter ehren, auf dass du lange lebest in dem Lande, das dir der Herr, dein Gott, geben wird.
5. Gebot: Du sollst nicht töten.
6. Gebot: Du sollst nicht ehebrechen.
7. Gebot: Du sollst nicht stehlen.
8. Gebot: Du sollst nicht falsch Zeugnis reden wider deinen Nächsten.
9. Gebot: Du sollst nicht begehren deines Nächsten Haus.
10. Gebot: Du sollst nicht begehren deines Nächsten Weib, Knecht, Magd, Rind, Esel noch alles, was dein Nächster hat.«

Die Geschichte von Gott wird kontinuierlich fortgeschrieben. Dabei wird heute schnell vergessen, was gestern höchst aktuell war. So gut wie unbekannt ist heute, dass sich neben den Zehn Geboten noch andere Auflistungen wichtiger Gebote finden. So steht im 2. Buch Mose (Kapitel 34, Verse 12–26) eine ganz andere Zusammenstellung von zehn Geboten, die sich von den bekannten stark unterscheiden. Gewiss, da wird auch die Einhaltung des arbeitsfreien Sabbats gefordert, auch für die Erntezeit (Vers 21). Und auch hier darf kein anderer Gott als Jahwe angebetet werden (Vers 14). Andere Gebote passen aber so gar nicht mehr in unsere Zeit!

Was einst ein Musterbeispiel moderner und humaner Rechtsprechung war, mutet heute als grausam und unmenschlich an. Von Bibelkritikern wird gern das berühmte »Auge um Auge« des Alten Testaments als Beispiel für biblische Brutalität zitiert (2. Buch Mose, Kapitel 21, Verse 23–25): »Entsteht ein dauernder Schaden, so sollst du geben Leben um Leben, Auge um Auge, Zahn um Zahn, Hand um Hand, Fuß um Fuß, Brandmal um Brandmal, Beule um Beule, Wunde um Wunde.«

Tatsächlich stellte diese Vorschrift eine ganz entscheidende Humanisierung des Strafrechts dar. Sie sollte die mörderische Blutrache ablösen. Erfunden hat Moses die neue Menschlichkeit allerdings nicht. Schon rund ein halbes Jahrtausend vor Moses soll der babylonische König Hammurabi, 1728 bis 1686 v. Chr., seine Gesetze vom Sonnengott Schamasch entgegengenommen haben. Moses und der »Sonnengott« Jahwe sind also nur Kopien von Hammurabi und Schamasch. Auf der Hammurabi-Gesetzesstele heißt es bereits: »Wenn jemand das Auge eines anderen zerstört, soll man ihm sein Auge zerstören. Wenn jemand die Zähne von einem anderen ausschlägt, der höher steht als er, soll man seine Zähne ausschlagen.«

Vor Hammurabi galt: Für einen Bruder töte sieben. Hammurabi forderte erstmals so etwas wie eine Ausgewogenheit von Verbrechen und Bestrafung. Die Ahndung eines Verbrechens sollte nicht schlimmer ausfallen als das zu bestrafende Verbrechen. Hammurabi und Moses waren zu ihrer Zeit geradezu revolutionäre Humanisten, die eine menschlichere Justiz forderten. Und um sie durchzusetzen, wurde das neue Recht als gottgewollt dargestellt.

Doch seither sind Jahrtausende vergangen. Was damals von vielen als zu milde kritisiert wurde, ist in unseren Augen heute nur noch grausame Barbarei. Die jüdische wie die christlichen Religionen haben erkannt, dass nach Jahrtausenden einst heilige Gesetze einfach nicht mehr zeitgemäß sind. Sie stehen zwar nach wie vor im Alten Testament, werden aber längst nicht mehr praktiziert. Wie brutal auch das mildere mosaische Gesetz war, sollen einige Beispiele belegen. Es ist wichtig, auch auf diese Seite der »göttlichen Gesetzgebung« hinzuweisen!

Inzwischen haben viele zivilisierte Staaten die Rechtsprechung weiter humanisiert und die Todesstrafe abgeschafft. Auf das mosaische Gebot (2. Buch Mose, Kapitel 20, Vers 13 sowie 5. Buch Mose, Kapitel 5, Vers 17) können sie sich allerdings nicht berufen. Das Gesetz des Alten Testaments verbietet ausdrücklich nur das Morden, fordert aber ausdrücklich die Todesstrafe (3. Buch Mose, Kapitel 24, Vers 17): »Wer irgendeinen Menschen erschlägt, der soll des Todes sterben.«

Die Todesstrafe ist im Gesetz nach Moses für Ehebruch vorgesehen (5. Buch Mose, Kapitel 22, Vers 22): »Wenn jemand dabei ergriffen wird, dass er einer Frau beiwohnt, die einen Ehemann hat, so sollen beide sterben, der Mann und die Frau, der er beigewohnt hat.« Auch bei einer Vergewaltigung droht die Todesstrafe, manchmal für Täter und Opfer.

Wenn etwa ein Mann eine verlobte Frau in der Stadt zum Geschlechtsverkehr zwingt, die Frau sich aber nicht hinreichend wehrt, müssen nach der Bibel beide gesteinigt werden (5. Buch Mose, Kapitel 22, Verse 23 und 24). Findet die Vergewaltigung einer mit einem anderen Mann verlobten Frau in der freien Natur statt, so kommt das Opfer mit dem Leben davon. Der Täter wird allerdings hingerichtet (5. Buch Mose, Kapitel 22, Vers 25). Ist das Opfer aber nicht verlobt, so ist für die Bibel die Vergewaltigung nicht weiter schlimm. Jetzt muss der Sittenstrolch dem Vater des Mädchens 50 Silberstücke zahlen, sein Opfer ehelichen und darf sich nicht von ihr scheiden lassen (5. Buch Mose, Kapitel 22, Verse 28 und 29).

Sex vor der Ehe galt nach dem mosaischen Gesetz als todeswürdiges Vergehen – für junge Frauen (5. Buch Mose, Kapitel 22, Verse 20 und 21): Eine Frau, die nicht als Jungfrau in die Ehe ging, musste aus dem Haus des Vaters gezerrt und von den »Leuten der Stadt zu Tode gesteinigt« werden. Was nicht den damals gängigen Moralvorstellungen entsprach, galt als todeswürdiges Verbrechen (3. Buch Mose, Kapitel 20, Verse 11–14): Sex mit der eigenen Mutter, der Stiefmutter oder der Schwiegertochter, Homosexualität sowie Sex mit der Stieftochter. Zu steinigen waren auch ungezogene Söhne (5. Buch Mose, Kapitel 21, Verse 18–21): »Wenn jemand einen widerspenstigen und ungehorsamen Sohn hat, der der Stimme seines Vaters und seiner Mutter nicht gehorcht und auch, wenn sie ihn züchtigen, ihnen nicht gehorchen will, so sollen ihn Vater und Mutter ergreifen und zu den Ältesten der Stadt führen und zu dem Tor des Ortes und zu den Ältesten der Stadt sagen: Dieser Sohn ist widerspenstig und ungehorsam … So sollen sie ihn steinigen alle Leute seiner Stadt, dass er sterbe, und du sollst das Böse aus deiner Mitte wegtun.«

Auf die gleiche Stufe mit Mördern wurde gestellt, wer seine Eltern schlug oder verfluchte (2. Buch Mose, Kapitel 21, Vers 15 und 17), auch er »soll des Todes sterben«. Dem Priester ist, fordert biblisches Gebot, mit Respekt zu begegnen und zu gehorchen, andernfalls droht die Todesstrafe (5. Buch Mose, Kapitel 17, Vers 12): »Und wenn jemand vermessen handeln würde, dass er dem Priester nicht gehorcht, … der soll sterben.«

Heute sind friedliebende Vertreter unterschiedlichster Religionen um ein einvernehmliches Miteinander bemüht. Zur Zeit der mosaischen Gesetzgebung hingegen war man auf Abgrenzung und Konfrontation aus. Statt friedlicher Koexistenz wird Aggression gefordert, statt Toleranz Andersgläubigen gegenüber Gewalt (Vers 3): »Ihre Altäre sollst du umstürzen und ihre Steinmale zerbrechen!«

Die christlichen Kirchen haben im Verlauf der vergangenen Jahrhunderte akzeptiert, dass nicht mehr alle biblischen Gesetze eingehalten werden müssen. Eine der wichtigsten Fragen der modernen Geschichte von Gott ist in unserer Zeit, ob auch der Islam einen ähnlichen Wandel wie das Christentum vollziehen kann. Tatsächlich werden auch heute noch drakonische Strafen verhängt, genau nach den Buchstaben des Korans. So fordert der Koran (24. Sure, Verse 1–5) Steinigung für Verheiratete und 100 Peitschenhiebe für nicht Verheiratete, die außerehelichen Geschlechtsverkehr vollziehen oder Ehebruch begehen. Dieben wird nach Vorschrift des Korans (siehe 5. Sure, Verse 33–39) beim ersten Mal die rechte Hand und im Wiederholungsfall der rechte Fuß abgehackt.

Das friedliche Miteinander unterschiedlicher Religionen wird dadurch erleichtert, dass nicht Unterschiede, sondern Gemeinsamkeiten betont werden. So finden sich im Koran, in der Sure 17, genannt »Die Nachtreise« (Verse 22–39), ebenfalls zehn Gebote, die weitgehend mit den Zehn Geboten des Alten Testaments übereinstimmen:

1. Setze Allah keinen anderen Gott zur Seite …
2. Und dein Herr hat bestimmt, … dass man die Eltern gut behandeln soll.
3. Lass deinem Verwandten sein Recht zukommen, ebenso dem Bedürftigen und dem Reisenden; aber handle nicht verschwenderisch.
4. Tötet nicht eure Kinder aus Furcht vor Verarmung …
5. Nähert euch nicht der Unzucht.
6. Tötet nicht den Menschen, den Gott für unantastbar erklärt hat, es sei denn bei vorliegender Berechtigung.
7. Nähert euch nicht dem Besitz des Waisenkindes, es sei denn zu seinem Besten, bis es seine Vollkraft erreicht hat.
8. Erfüllt eingegangene Verträge … und gebt volles Maß, wenn ihr messt.
9. Verfolge nicht das, wovon du kein Wissen hast ….
10. Wandle nicht hochmütig auf Erden umher.

Selbst der Buddhismus hat so etwas wie Zehn Gebote zu bieten. Da in der buddhistischen Lehre kein personifizierter Gott wie in den drei großen monotheistischen Religionen existiert, kann es auch keine von Gott gestellten Gebote und Verbote geben. Buddhistische Lehre warnt aber vor »zehn unheiligen Handlungen«, die durchaus mit Geboten im Judentum, Christentum und Islam verglichen werden können! Der Buddhismus kennt drei »unheilige Handlungen« im körperlichen Bereich: das Töten, das Stehlen und den Verstoß gegen die Moral (etwa Ehebruch und sexuelle Gewalt). Hinzu kommen vier »unheilige Handlungen« im sprachlichen Bereich: Lügen, Streit und Zwietracht säen, mit Worten verletzen und sinnlose Reden führen. Drei »unheilige

Handlungen« des geistigen Bereichs komplettieren die »zehn buddhistischen Gebote«: Habgier, Übelwollen und Irrlehren.

Die Geschichte von Gott lehrt, dass sich die Völker vor Jahrtausenden voneinander abzugrenzen versuchten. Dabei war ein entscheidendes Kriterium der religiöse Glaube. Man sah sich selbst als rechtgläubig, den feindlichen Nachbarn hingegen als ungläubig an. Unterschiede wurden betont, wo es doch über die Grenzen der Religionen hinweg Gemeinsamkeiten gibt.

Heute, zu Beginn des dritten Jahrtausends nach Christus, gibt es statt Abgrenzung Konfrontation und Begegnung. Gesucht und gefunden werden muss eine Möglichkeit des friedlichen Miteinanders statt des feindlichen Gegeneinanders. Eine Chance bieten die Gemeinsamkeiten der Religionen, die leicht zu erklären sind: Alle Religionen tragen den Wunsch eines friedlichen, harmonischen Miteinanders der Menschen in Würde in sich.

Gott in Sonne, Mond und Sternen?

Aus vordergründig naturwissenschaftlicher Sicht mag es als ein Fortschritt erscheinen, wenn in Sonne, Mond und Sternen keine Götter, sondern nur »Lichter am Firmament« gesehen werden. Wenn in Gestirnen oder in unverstandenen Naturphänomenen »göttliche Wesen« vermutet werden, dann mutet das heute bedauernswert naiv an. Dabei wird übersehen, dass mit der naturwissenschaftlichen Erkenntnis auch die Ausbeutung der Natur kam. Wer nichts Göttliches in der Natur mehr sieht, plündert sie bedenkenloser aus als der »naive« Fromme, der an Göttliches in der Natur glaubt.

3. Aber die Schlange war listiger: Gott, Teufel und die Engel

Nach dem Sieg Gottes über Göttin und Götter veränderte sich das Bild von Gott weiter. In Gestalt einer bösartigen Schlange verführt der Teufel Eva zum ersten »Sündenfall«. Einst aber war die Schlange eine mächtige Göttin. Gott und Teufel in Personalunion: Der biblische Gott vereinte zunächst das Gute wie das Böse in sich. Er konnte fürsorglich, aber auch brutal sein. Er sollte aber nur noch das Gute repräsentieren, also verlor er seine böse Seite. Sie wurde zum eigenständigen Wesen – zum Engel, der schließlich zum Teufel mutierte und die Menschen in Versuchung führte. Im modernen Islam bekämpft der fromme Gläubige seine negative Seite als den Teufel in sich. Im Buddhismus kann jeder Mensch zum segensreichen Engel für seine Mitmenschen werden. Der Mensch muss selbst Verantwortung übernehmen.

Die Göttin, die zur Schlange wurde

Zu den wohl bekanntesten biblischen Geschichten schlechthin gehört der »Sündenfall«. Gott hat Adam und Eva ein wahrhaft paradiesisches Leben gewährt. Sie brauchen nicht zu arbeiten, leben im Überfluss und müssen sich um ihre Zukunft keine Gedanken machen. Nur von einem Baum im Garten Eden dürfen sie nicht essen. Die listige Schlange aber verleitet Eva dazu, zusammen mit ihrem Mann dieses Gebot zu brechen. Man werde wie Gott, behauptet sie, wenn man von den verbotenen Früchten isst. Gott war der Schöpfer, die Schlange aber war listiger. War Gott dümmer?

Wer aber war jene geheimnisvolle Schlange? War sie der Teufel? Oder war sie ein Gehilfe des Teufels? Die Schlange wurde wohl nicht zufällig als teuflische Verführerin gewählt. Allem Anschein nach gab es im Heiligen Land einen uralten Kult einer Schlangengöttin. In Jerusalem wurde bis ins 6. Jahrhundert n. Chr. die Schlangengöttin Nehustan verehrt. Jüdische Münzen aus dem 1. und 2. Jahrhundert v. Chr. zeigen Jahwe als Schlangengott. Man baute also auf eine Doppelstrategie: Verteufelung der Schlange als hinterlistige Verführerin und Verdrängung der Schlangengöttin, indem man an ihre Stelle Jahwe als Schlangengott zu setzen versucht.

Die Schlangengöttin muss einst sehr mächtig gewesen sein. Nur so ist zu erklären, dass Jahwe, folgt man dem vierten Buch Mose (Kapitel 21, Verse 4–9), Moses befiehlt, eine »eherne Schlange« zu machen: Auf der Flucht aus Ägypten murren die unzufriedenen Israeliten. War es in Ägypten nicht schöner als in der mörderischen Wüste? Zur Strafe »sandte Jahwe Schlangen unter das Volk, die bissen das Volk, so dass viele aus Israel starben«. Reumütig wenden sich die Menschen wieder ihrem »Fluchthelfer« Jahwe zu. Jahwe akzeptiert die Reue und lässt ein Schlangenidol herstellen. Wer von der Schlange gebissen wurde und das Bildnis anschaut, muss nicht sterben. Ganz offensichtlich wurde die Schlange auch im Heiligen Land als mächtige Göttin angesehen.

Wenn Gott allmächtig und gut ist – wer ist dann für das Böse in der Welt verantwortlich? Wenn ein guter, gnädiger Gott die Welt regiert – wie kann es dann zu Elend und Unrecht auf der Welt kommen? Erlaubt Gott das Böse? Duldet er es? Oder ist er zu schwach, um es zu verhindern? Oder ist Gott vielleicht auch böse?

Gott war einst gut und böse zugleich: Er half und peinigte zugleich

Schon viele Jahrhunderte, ja vielleicht sogar einige Jahrtausende vor der Entstehung des Judentums hatte der Schöpfergott Ahura Mazda eine große Anhängerschaft. Nach den Lehren des Zarathustrismus kreierte Ahura Mazda alles Bestehende dualistisch: Alles enthielt sowohl Gutes als auch Böses. Und auch das Göttliche selbst hatte gleichzeitig einen guten und einen bösen Aspekt. Der Gute Geist (Spenta Mainyu) und der Böse Geist (Angro Mainyu) sind sinnbildlich gesprochen Zwillinge. Die beiden Gegensätze heben sich aber nicht auf. Durch ihr Zusammenwirken besteht die Welt. Sie bedingen einander gegenseitig: Damit Gutes existieren kann, muss es das Böse geben. Und das Böse kann nur sein, wenn das Gute existiert.

Das Alte Testament ist wohl vom Zarathustrismus stark beeinflusst worden. Das Alte Testament zeichnete ursprünglich ein dualistisch-widersprüchliches Bild von Gott Jahwe. Demnach war Jahwe zugleich gut und böse. Wir erinnern uns: Jahwe hatte seinem Volk das Gelobte Land versprochen. Als Jahwes Volk in ägyptischer Sklaverei lebte, wollte und musste Gott helfen. Also befahl Jahwe Moses und Aaron an den Hof des Pharao. Dort mussten die beiden Männer den ägyptischen Herrscher auffordern, das Volk Jahwes ziehen zu lassen. Sie wirkten als Gottes Sprecher, als Propheten. Um Missverständnisse vorzubeugen: Propheten Gottes waren nicht in erster Linie Wahrsager oder Zukunftsdeuter, sondern sie sprachen für Gott zu den Menschen. Da Moses kein geschickter Redner war, hatte er Aaron als seinen Propheten.

Mit Jahwe auf der Seite Israels hatte der Pharao nach

jüdischem Glauben überhaupt keine Chance. Was sollte schon ein Pharao, mochte er auf Erden auch noch so mächtig sein, gegen den Weltenschöpfer ausrichten? Jahwe hätte also den Pharao mit spielerischer Leichtigkeit besiegen können müssen. Aber kämpfte Jahwe wirklich nur gegen den Pharao? Oder hatte er noch einen anderen Feind? Liest man den biblischen Bericht gründlich, so muss man feststellen, dass Gott in geradezu paradoxer Weise auch gegen sich selbst kämpft.

Aaron tritt auf Befehl Jahwes vor den Pharao und fordert vom mächtigen Herrscher freien Abzug für sein Volk. Dann aber verhärtet Jahwe das Herz des Pharao, so dass der dem Volk nicht die Freiheit schenkt. Erst lässt Jahwe eine Forderung stellen, dann sorgt er selbst dafür, dass sie nicht erfüllt werden kann. Weil der Pharao, von Jahwe selbst veranlasst, nicht nachgibt, schickt Jahwe die berühmten zehn Plagen, die das Volk der Ägypter peinigen. Jahwe quält den Pharao und sein Volk, indem er Katastrophen auslöst, die Tausenden das Leben kosten – und er sorgt gleichzeitig dafür, dass die entsetzlichen Katastrophen nicht den gewünschten Erfolg haben (2. Buch Mose, Kapitel 7, Verse 3 und 4): »Aber ich (Jahwe!) will das Herz des Pharao verhärten und viele Zeichen und Wunder tun in Ägyptenland. Und der Pharao wird nicht auf euch hören.«

Gott schickt den Ägyptern eine Katastrophe nach der anderen: Alle Gewässer verwandeln sich in Blut, Frösche überschwemmen förmlich das Land, Stechfliegen, Viehpest, Blattern und Hagel quälen Mensch und Tier, Heuschrecken suchen das Land heim, und eine dreitägige Finsternis bricht aus. Es sieht so aus, als würde Jahwe zu immer härteren Maßnahmen greifen müssen, weil sich der Pharao immer wieder als uneinsichtig und stur erweist. Aber Jahwe setzt nicht nur den Pharao massiv unter Druck. Gleichzeitig sorgt er immer wieder dafür, dass die entsetzlichen Katastrophen keine Wirkung zeigen (2. Buch Mose, Kapitel 10, Vers 20): »Aber Jahwe verstockte das Herz des Pharao, dass er die Kinder Israel nicht ziehen ließ.«

Nach der zehnten und schlimmsten Plage gestattet es Jahwe dem Pharao endlich, das Volk der Kinder Israels ziehen zu lassen: Erst nach dem Sterben der Erstgeburt bei Mensch und Tier jagten die Ägypter die Sklaven förmlich aus dem Land (2. Buch Mose, Kapitel 12, Vers 33): »Und die Ägypter drängten das Volk und trieben es eilends aus dem Lande, denn sie sprachen: Wir sind alle des Todes!«

Von einer Flucht der Israeliten kann also zunächst nicht die Rede sein, sondern von einer Vertreibung. Eigentlich müsste Jahwe nun zufrieden sein: Die Zeit der Sklaverei ist für sein Volk beendet. Jetzt aber (2. Buch Mose, Kapitel 14, Vers 8) »verstockte Jahwe das Herz des Pharaos, dass er den Kindern Israel nachjagte«. Jahwe peinigt also die Ägypter, damit sie die versklavten Israeliten abziehen lassen, und verhindert gleichzeitig, dass dies geschehen kann. Und als der Pharao die Israeliten förmlich aus dem Land wirft, sorgt Jahwe selbst dafür, dass seine Kinder verfolgt werden. Tatsächlich holen die Truppen des Pharao die Israeliten rasch ein. Im letzten Moment lässt Jahwe Moses ein Wunder vollbringen: Das Meer teilt sich, und die Israeliten durchqueren es trockenen Fußes. Über den Ägyptern aber schlagen die Fluten wieder zusammen. Das »ganze Heer des Pharao« kommt jämmerlich ums Leben.

Für Menschen im 21. Jahrhundert ist dieser Sachverhalt nicht nachvollziehbar: Gott übt grausamen Druck auf den Pharao aus und sorgt gleichzeitig dafür, dass der Pharao dem Druck nicht nachgibt. Somit wird Gott gleichzeitig als gut und böse beschrieben, ganz im Geist des uralten Zarathustra-Glaubens. Gott ist das Gute und gleichzeitig das Böse in einem. Irgendwann einmal spaltete man aber Gott auf: in Gut und in Böse (Satan). Der Mensch sehnt sich nun einmal nach einem Gott, auf dessen Hilfe er bauen kann. Wie soll er seine Hoffnung in einen Gott setzen, von dem Heil genauso wie Verderben kommen kann?

Gottes negative Seite wird zum Teufel

Die Aufspaltung Gottes in Gut und Böse lässt sich im Alten Testament nachweisen. Im 2. Buch Samuel (Kapitel 24, Vers 1) wird über eine Volkszählung berichtet: »Und der Zorn des Herrn entbrannte abermals gegen Israel, und er reizte David gegen das Volk und sprach: Geh hin, zähle Israel und Juda.« Es ist der wütende Gott selbst, der aus Zorn David dazu bringt, Israel und Juda zählen zu lassen. Jahwe veranlasst also David, Israel und Juda zu piesacken. Noch hat Gott eine gute und eine böse Seite. Dann kommt es zur Aufspaltung: Vom guten Gott wird seine böse Seite getrennt. Aus der bösen Seite Gottes wird Satan.

Im ersten Buch der Chronik (Kapitel 21, Vers 1) wird die gleiche Geschichte von der Zählung anders dargestellt. Jetzt ist es der böse Teufel, der den negativen Part Gottes übernimmt: »Und der Satan stellte sich gegen Israel und reizte David, dass er Israel zählen ließe.«

Satan ist also die negative Seite Gottes, die zum eigenständigen Wesen wurde. Unvorstellbar aber war für die Gläubigen, dass es neben dem guten und allmächtigen Jahwe noch ein negatives Pendant gab. Gott musste natürlich die Oberhand behalten, der Teufel konnte nur Gott untergeordnet und kein gleichwertiger Partner sein. Es musste ein Platz für den untergeordneten Teufel gefunden werden. Nach dem Verständnis des Alten Testaments war Gott nicht allein, er verfügte vielmehr über eine Art von Hofstaat. Der Psalmist (Psalm 82, Vers 1) bezeichnet diese Gruppierung um Gott als »Gottesgemeinde«. Buch Hiob (Kapitel 1, Verse 6–12) beschreibt eine himmlische Zusammenkunft als Konferenz. Gott führt den Vorsitz und stellt Fragen. Zum Gefolge Gottes gehört auch Satan. Satan hebt sich von der anonymen Schar der Getreuen Gottes ab. Er widerspricht, provoziert. Schließlich kommt es sogar zu einer Art Wette zwischen Gott und Satan. Wird Hiob fromm und gottesfürchtig bleiben oder vom Glauben abfallen?

Der Sachverhalt ist klar: Niemand bezweifelt, dass es Negatives im Leben gibt. Wie aber kommt das Böse ins Leben? Müsste ein nur guter Gott nicht verhindern, dass Menschen Schaden zugefügt wird? Jede Lebenserfahrung beweist aber, dass genau das der Fall ist: Immer wieder stößt Menschen Schlechtes zu. Kann man davon ableiten, dass der gute Gott eben nicht allmächtig ist? Kann er aus Schwäche oder Inkompetenz nicht allen Menschen helfen?

Um Gott positiv darstellen zu können, wird ein Versucher ins Spiel gebracht. Und der ist letztlich für Leid und Elend im Leben verantwortlich, nicht Gott! Somit ist nicht mehr Gott der unmittelbare Urheber des Bösen, sondern Satan. Gott initiiert nicht das Negative, er duldet es allerdings. Satan fügt zum Beispiel mit Erlaubnis Gottes Hiob und seinen Angehörigen schlimmstes Leid zu. Entsetzliche Tragödien brechen über Hiob und seine Liebsten herein. Seine Angehörigen sterben, sein gesamter Besitz geht verloren. Schließlich wird Hiob selbst sterbenskrank.

Verursacher ist nicht Gott, sondern Satan. Gott erlaubt

also, dass auch guten Menschen Böses widerfährt. Das geschieht aber nicht, um den Menschen Leid zuzufügen. Vielmehr können sie in der Not beweisen, dass ihr Glaube an Jahwe echt ist. Wer gesund, reich und angesehen ist, dem fällt es leicht, Jahwe zu lobpreisen. Aber wer in Zeiten des Elends an seinem Glauben festhält, ist ein wahrer Anhänger Jahwes.

Auch in einer Vision des Propheten Sacharja (Kapitel 3, Verse 1 und 2) wird Satan in himmlischen Gefilden, also im Umfeld Gottes, gesehen. Satan übt die Funktion eines Staatsanwalts im Jenseits aus.

Nach biblischem Verständnis ist der Satan Gott also untergeordnet und macht Gott die Vorrangstellung nicht streitig. Der Versucher prüft letztlich die Standfestigkeit des Menschen im Glauben. Der Islam sieht Allah als absolut Allmächtigen, Schaitan (Satan) ist ein Versucher der Menschen. Allah hat ihm eine Frist gesetzt. Der Schaitan ist nur so lange gefährlich für den Menschen, solange er im Glauben schwankt. Nach der 7. Sure sind die Teufel wie der Mensch ein Geschöpf Gottes. Es gibt keinen teuflischen Gegenspieler Gottes, wohl aber Schaitans (Mehrzahl!), die die Ungläubigen zu Sünden verführen und sie beschützen sollen. Beim Jüngsten Gericht folgt dann die Bestrafung, für Mensch wie Teufel!

Der Hiob des Alten Testaments wurde vom Teufel in Versuchung geführt, um die Festigkeit seines Glaubens zu testen. Genau diese Aufgabe als jemand, der den Frommen vom rechten Glauben abbringen soll, hat auch der Teufel im Islam. Aus Eitelkeit will er sich nicht vor dem Menschen zu Boden werfen, weil er sich ihm überlegen fühlt. Gott ist über diese teuflische Anmaßung empört. Die Strafe soll sofort erfolgen. Doch dann erhält der Teufel noch eine Gnadenfrist bis zum Jüngsten Tag (7. Sure 11–17): »Und wahrlich, Wir

(Allah) erschufen euch und formten euch dann. Dann sprachen Wir zu den Engeln: ›Werft euch vor Adam nieder!‹ Und sie warfen sich nieder, außer Iblis (Teufel). Er war nicht bei denen, die sich niederwarfen. Er sprach: ›Was hinderte dich, dich niederzuwerfen, als Ich es dir befahl?‹ Er sagte: ›Ich bin besser als er. Du hast mich aus Feuer erschaffen, ihn aber erschufst Du aus Ton.‹ Er sprach: ›Weg und hinab mit dir! Es geziemt dir nicht, hier hochmütig zu sein. Darum hinaus mit dir, siehe, du bist einer der Gedemütigten.‹ Er sagte: ›Gib mir eine Frist bis zum Tag der Auferstehung.‹ Er sprach: ›Fürwahr, die Frist ist dir gewährt.‹ Er sagte: ›Wie Du mich in die Irre gehen ließest, werde ich ihnen auf Deinem geraden Weg auflauern. Dann will ich von vorn und von hinten, von ihrer Rechten und von ihrer Linken über sie kommen, und Du wirst die Mehrzahl von ihnen undankbar finden.‹«

Die Rolle des Versuchers spielt der Teufel, auch Satan genannt, nicht nur im Alten, sondern auch im Neuen Testament. Nach christlicher Überzeugung führte Satan Jesus zu Beginn seiner Laufbahn in Versuchung, als Jesus in der Wüste fastete. Eine Interpretation besagt: Satan will Jesus dazu verleiten, ihm zu gehorchen. Jesus hat nach vierzig Tagen des Fastens Hunger. Verwandele doch Steine in Brot, lockt Satan. Jesus widersteht. Stürze dich doch von den Zinnen des Tempels, schlägt der Teufel vor. Der Teufel zitiert Psalm 91: »Er wird seinen Engeln über dir Befehl tun, und sie werden dich auf den Händen tragen, auf dass du deinen Fuß nicht an einem Stein stößt.« Schließlich will der Teufel Jesus dazu verleiten, sich von ihm, Satan, zum Herrn über die Welt machen zu lassen – wenn Jesus den Teufel anbetet.

Jesu Versuchungen durch den Teufel lassen sich mit den Prüfungen Hiobs vergleichen: Es geht darum, wie fest der Glaube ist. Der Teufel will den Glauben erschüttern, der wirklich Gläubige aber lässt sich nicht beirren und bleibt seinem Glauben treu. Schon gar nicht unterwirft er sich Satan.

»Weiche von mir, Satan! Du bist mir ein Ärgernis; denn du denkst nicht göttlich, sondern menschlich«, wirft Jesus nach Matthäus (Kapitel 16, Vers 23) Petrus entgegen. Die gleiche Episode wird auch von Markus beschrieben (Kapitel 8, Verse 31–33). Der Grund für den Wutausbruch: Jesus hatte von seinem baldigen Tod gesprochen, woraufhin Petrus entsetzt auf diese düstere Prophezeiung reagierte. Jesus solle am Leben bleiben. Jesus aber meinte Petrus als Werkzeug des Teufels erkennen zu können, der ihn, den Messias, davon abbringen wollte, für die Erlösung der Menschen zu sterben. Nach christlichem Verständnis kann also der Teufel in jeder Gestalt auftreten und die Menschen in Versuchung führen! Auch wer zu Beginn des dritten Jahrtausends nach Christus nicht mehr an einen nach Schwefel stinkenden Teufel glaubt, weiß von Versuchungen, die uns tagtäglich begegnen: die uns Gewinn versprechen, wenn wir gegen jegliche Moral verstoßen.

Der Teufel im Islam

Jede Religion kennt Pflichten, die der gläubige Anhänger erfüllen muss. Für den Muslim hat die Pilgerfahrt nach Mekka große Bedeutung. Mindestens einmal im Leben sollte jeder Gläubige diese Pilgerreise nach Mekka auf sich nehmen. Zu den heiligen Ritualen dieser Reise gehört ein uralter Brauch, der unkundigen Kritikern wie ein überholter Aberglaube ohne Sinn erscheinen kann. Und in der Tat, wer die Hintergründe nicht kennt, mag die Achseln zucken, wenn Gläubige sieben Steine gegen eine uralte Säule werfen. Einst hieß es: »Er kämpft so gegen den Teufel in Gestalt der Säule.« Doch uralte Rituale haben oft einen tiefen, wahren Sinn, der die Grenzen zwischen unterschiedlichen Religionen sprengen kann. Nach der modernen Interpretation ist der Akt des Steinwurfs symbolisch zu verstehen. Der Teufel wird dabei nicht mehr als monströses leibhaftiges Wesen gesehen, sondern als Symbol für die negativen Neigungen eines jeden Menschen. Es geht nicht um einen äußeren, sondern um einen inneren Kampf. Der Zentralrat der Muslime in Deutschland erläutert: »Der Sinn liegt darin, dass sich der Pilger mit dieser symbolischen Tat von seinen schlechten Neigungen und Gelüsten distanziert und sich von seiner (natürlichen) Schlechtigkeit, die er als Geflüster des Teufels interpretiert, durch seinen Verstand und durch die gelebten moralischen Werte freimacht.«

»Anstrengung« heißt im Arabischen des Korans »Dschihad«, was allerdings als »heiliger Krieg« übersetzt werden kann. Terroristen beanspruchen für sich, mordend für den Islam einzutreten, indem sie den »Dschihad« führen. Doch ist das die wahre Bedeutung? Geht es um Hass gegen Andersgläubige? Der Zentralrat der Muslime in Deutschland erklärt dazu: »Der Begriff ›Dschihad‹ wird gerne mit ›heiligem Krieg‹ übersetzt, was irreführend ist. Muslime haben nur dann die Erlaubnis zum Kampf, wenn sie angegriffen werden (Verteidigung). Der Begriff ›Islamische Terroristen‹ ist ebenso irreführend, weil Terror nicht islamisch ist. Erklären kann man sich die Existenz angeblich ›islamischer Terroristen‹ durch einseitige Islam-Kenntnisse. Man muss bei der Auslegung des Korans und der Sunna immer das Gesamtwerk im Blick haben. Tut man dies, so sind solche Terrorakte kein Thema mehr.«

Der Dschihad ist in diesem Sinne der innere Kampf, den jeder Jude, jeder Christ, jeder Muslim und jeder Atheist führen kann: der innere Kampf des Menschen zwischen Egoismus und Nächstenliebe, zwischen Selbstsucht und Altruismus.

Diese Neuinterpretation des Dschihad als inneres Ringen weist auf eine, vielleicht auf die zentrale Veränderung in der Geschichte von Gott hin. Der Gläubige erkennt, dass er selbst Verantwortung für sein Handeln tragen muss. Er darf nicht fremde Mächte als Ausrede bemühen. Er konzentriert sich wieder auf seinen eigenen Willen, die Welt positiv zu verändern – und das ohne Gewalt.

Engelwelten

Koran wie Bibel beschreiben ein ganz ähnliches Szenario. Da ist Gott im Himmel, umgeben von seinem Hofstaat. Zu diesem Gefolge Gottes gehörte einst der Teufel. Er führt Menschen in Versuchung, stellt ihren Glauben auf die Probe. Auf Dauer konnte diese böse Gestalt nicht im Himmel im nächsten Umfeld Gottes bleiben. Satan musste vertrieben werden. Die Beschreibung seines Sturzes konstruierte ein Theologe Jahrhunderte nach Jesu Kreuzigung.

Hieronymus aus Stridon in Dalmatien (etwa 345–420) übersetzte die Bibel ins Lateinische. Der gelehrte Bibelkenner kombinierte ein Jesuswort mit einem alten Jesajatext. Da heißt es über den Sturz des Königs von Babylon (Jesaja, Kapitel 14, Vers 12): »Wie bist du vom Himmel gefallen, du schöner Morgenstern!« Hieronymus kombinierte diesen Vers mit einem Jesuswort. Jesus sagte nach Lukas (Kapitel 10, Vers 18): »Ich sah den Satan vom Himmel fallen wie einen Blitz.«

Beide Texte entstanden unabhängig voneinander. Sie wurden von Autoren verfasst, die den Text des anderen nicht kannten, und haben keinen sachlichen Bezug zueinander.

Und doch ließ sich ein Berührungspunkt konstruieren: Jesaja bezeichnete den Herrscher von Babylon als gefallenen »Morgenstern«. Und den kannte man in der römischen Mythologie als Luzifer. Das war durchaus positiv gedacht, wie man leicht nachempfinden kann! Noch ist es Nacht, die Dunkelheit mag düster und bedrückend empfunden werden. Sorgen lassen den ruhelosen Menschen nicht in den Schlaf finden. Sie scheinen zu wachsen, je mehr man über sie nachsinnt. Doch der Tag naht schon. Er hat einen Vorboten, der noch in der Finsternis erscheint, nämlich die Venus. Sie bringt erstes Licht: Venus ist also Luzifer (zu Deutsch: Lichtbringer).

Parallelen zu uralten Mythen sind nicht zu übersehen: Die alten Babylonier nannten Venus den »Tagstern, Sohn der Morgendämmerung«. Die Römer kannten Luzifer als Sohn der Aurora, der Göttin der Morgenröte. Bei den Griechen hieß Aurora Eos. Deren Sohn war Phosphoros oder Eosphorus (zu Deutsch ebenfalls Lichtbringer).

Jesus hat nun angeblich Satan wie einen Blitz vom Himmel stürzen gesehen. Da bei Jesaja der Morgenstern vom Himmel fiel, setzte Hieronymus nun den Satan aus dem Jesuswort mit dem Morgenstern gleich. So wurde aus Lichtbringer Luzifer der teuflische Satan.

Altes und Neues Testament beschreiben kein einheitliches Engelsbild. Die Aussagen der Bibel über Engel sind teilweise widersprüchlich. Im ersten Buch Mose (Kapitel 3, Vers 24) wird vermeldet, dass Cherubim-Engel das Paradies mit dem Flammenschwert bewachten. So wollte Gott verhindern, dass die vertriebenen Sünder wieder ins Paradies zurückkehrten. Im Neuen Testament hingegen heißt es im ersten Brief an die Korinther (Kapitel 6, Vers 3), dass die Menschen dereinst über die Engel zu Gericht sitzen werden. Demnach stehen die Engel also rangmäßig unter den Menschen. Wie sollen dann Engel Menschen den Rückweg ins Paradies versperrt haben? Mussten sie nicht den Menschen gehorchen und nicht umgekehrt?

Engel waren nach biblischem Verständnis offenbar Angehörige von Jahwes Hofstaat. Wie irdische Herrscher umgab sich Jahwe mit Vertrauten. Was irdischen Potentaten Fürsten waren, waren Jahwe die Engel. Sie lebten in himmlischen Sphären und reisten gelegentlich zwischen Himmel und Erde hin und her. Da Engel nach dem Alten Testament keine Flügel hatten, war der Weg zwischen den beiden Welten recht beschwerlich (1. Buch Mose, Kapitel 28, Vers 12): »Und ihm (Jakob) träumte, und siehe, eine Leiter stand auf Erden, die rührte mit der Spitze an den Himmel, und siehe, die Engel Gottes stiegen daran auf und nieder.«

Die biblischen Engel waren Boten Gottes. Boten-Engel warnen Abraham und weisen auf die bevorstehende Zerstörung von Sodom und Gomorrha hin (1. Buch Mose, Kapitel 18). Im Buch Hiob heißt es (Kapitel 33, Vers 23): »Kommt dann zu ihm ein Mittler, einer aus tausend, kundzutun dem Menschen, was für ihn recht ist.« Der Prophet Daniel wird von einem Engel vor dem sicheren Tod errettet!

Im Buch Daniel (Kapitel 6) drängen Feinde des Propheten Daniel König Darius zu einem Gesetz, das eigentlich gezielt gegen Daniel gerichtet ist. Wer innerhalb von dreißig Tagen »etwas bitten wird von irgendeinem Gott oder Menschen außer von Darius, dem König«, der wird den Löwen zum Fraß vorgeworfen. Daniel musste als frommer Jude diesem Gesetz zuwiderhandeln: In seinen Gebeten, die er wie immer drei Mal am Tag abhielt, wandte er sich auch mit Bitten an Jahwe. Daniel wurde daraufhin vom König in die Löwengrube geworfen, die dann mit einem Stein verschlossen und vom König versiegelt wurde. Am nächsten Tag lebt Daniel immer noch, die Löwen haben ihm nicht den kleinsten Kratzer zugefügt. Daniel erklärt das dem König mit dem Eingreifen eines himmlischen Boten (Kapitel 6, Vers 23): »Mein Gott hat seinen Engel gesandt, der den Löwen den Rachen zugehalten hat, so dass sie mir kein Leid antun konnten; denn vor ihm bin ich unschuldig, und auch gegen dich, mein König, habe ich nichts Böses getan.«

Daniel wurde unversehrt aus der Löwengrube geborgen, seine Feinde jedoch wurden mit ihren Kindern und Frauen hineingeworfen – und sofort von den Raubtieren zerfetzt. Darius aber bekehrte sich zum Gott Daniels und ließ im ganzen Reich verkünden (Kapitel 6, Verse 27 und 28): »Er (Jahwe) ist der lebendige Gott, der ewig lebt, und sein Reich ist unvergänglich, und seine Herrschaft hat kein Ende. Er ist ein Retter und Nothelfer, und er tut Zeichen und Wunder im Himmel und auf Erden. Er hat Daniel von den Löwen errettet.«

Übermittler göttlicher Botschaften sind Engel auch im Neuen Testament. Nach Matthäus (Kapitel 1, Verse 20 und 21) erfährt Joseph von einem Engel: »Joseph, du Sohn Davids, fürchte dich nicht, Maria zu dir zu nehmen, denn das in ihr geboren ist, das ist vom heiligen Geist. Und sie wird einen Sohn gebären, des Namen sollst du Jesus heißen, denn er wird sein Volk retten von ihren Sünden.« Es ist wiederum der »Engel des Herrn«, der Joseph warnt und ihn auffordert, mit seiner Frau Maria und mit dem neugeborenen Jesuskind nach Ägypten zu fliehen, weil Herodes den potenziellen neugeborenen König ermorden lassen möchte (Evangelium nach Matthäus, Kapitel 3, Vers 13). Nach dem Tod des mörderischen Herodes verkündet der Engel des Herrn, dass Joseph mit Maria und dem Jesuskind wieder nach Israel zurückkehren kann (Kapitel 3, Vers 20).

Doch Vorsicht: Biblische Engel waren keineswegs nur Heilsboten, welche die Menschen vor Katastrophen bewahrten! Es gibt eine bemerkenswerte Parallele zwischen dem ursprünglichen Gottesbild des Alten Testaments und der biblischen Beschreibung von Engeln. Wie Gott ordnete man auch den Engeln zunächst keineswegs nur positive Eigenschaften zu. Gott wie Engel konnten den Menschen sehr wohl auch Unheil bringen. Das zweite Buch Samuel (Kapitel 24, Verse 16 und 17) berichtet vom »Engel, der das Verderben anrichtete im Volk«. Und in Psalm 78 (Vers 49) bedrängt gleich »eine Schar Verderben bringender Engel« die Menschen.

Engel sind fest verwurzelt in den Texten der Bibel. Und doch lösten sie schon im 1. Jahrhundert n. Chr. heftige Debatten aus. Im Rat der Ältesten, dem sogenannten Sanhedrin, wurde heißblütig ebenso über wichtige wie über nebensächliche religiöse Fragen diskutiert. Einig waren sich die siebzig Weisen des Rats selten. Kontroversen gab es häufig! Die Sadduzäer kamen meist aus höheren Schichten und bildeten eine Art Aristokratie. Für sie galt nur das geschriebene Gesetz Mose. Die Pharisäer wollten sich jedoch nicht damit begnügen, sondern gingen noch einen Schritt weiter. Zusätzlich zu den Schriften des Alten Testaments mussten auch jene Vorschriften und Gebote befolgt werden, die nur mündlich tradiert wurden. In Sachen Engeln war man sich völlig uneins. Die Sadduzäer bestritten vehement die Existenz von Engeln, während sie aus der Glaubenswelt der Pharisäer nicht wegzudenken waren.

In der Apostelgeschichte (Kapitel 23, Vers 8) heißt es: »Die Sadduzäer sagen, es gäbe keine Auferstehung noch einen Engel noch einen Geist, die Pharisäer aber lehren das alles.« Anfangs dominierten die Sadduzäer, doch nach und nach setzten sich die Pharisäer durch und damit auch der Glaube an Engel. Deshalb blieben die Engel auch den Menschen christlichen Glaubens erhalten.

Apostel Paulus schrieb in seinem Brief an die Galater (Kapitel 3, Verse 19 und 20) die Geschichte von Gott in einem ganz wesentlichen Punkt um. Bei Moses kann kein Zweifel daran aufkommen, dass das komplizierte Gesetzeswerk des Judentums, einschließlich der berühmten Zehn Gebote, von Gott selbst stammt und dem Moses auf dem Heiligen Berg überreicht wurde. Paulus arbeitet gezielt auf ein neues Kapitel in der Geschichte von Gott hin: Die neue Religion, das Christentum, soll die alte, das Judentum, ersetzen. Zu diesem Zweck muss die Bedeutung des mosaischen Gesetzes heruntergespielt werden. Nach Paulus war es nicht Gott selbst, von dem die Gesetze der Menschheit übergeben wurden. Sie kamen stattdessen von Engeln – und das auch nicht direkt, sondern durch die Hand von Mittlern. Paulus setzte also »Engel« und »Mittler« ein, um die Bedeutung der mosaischen Gesetze herunterzuspielen.

Die himmlischen Boten hätten genauso gut aus dem christlichen Glauben verschwinden können. Immerhin verzichtete die junge Kirche in den ersten nachchristlichen Jahrhunderten weitgehend auf die Verehrung von Engeln. Vom 4. Jahrhundert an gab es hingegen eine Rückkehr der Engel. Vermutlich war den Gläubigen ein allmächtiger Gott, der im fernen Himmel thronte, zu wenig. Man wünschte sich eine engere Verbindung zwischen Erde und Himmel und wollte an Konkreteres als an geistige Kräfte glauben. Gerade bei besonders gottesfürchtigen Menschen spielen Engel eine sehr bedeutsame Rolle. Der gläubige, von Ehrfurcht vor Gott erfüllte Mensch sehnt sich nach Kontakt mit Gott. Wie kann er es wagen, als armseliger Mensch auch nur zu hoffen, mit Gott selbst Konversation zu treiben? Und wäre es nicht eine unglaubliche Vermessenheit, mit seinen armseligen Wünschen und Bitten direkt vor Gott treten zu wollen? Hilfreich sind dann Mittler zwischen der niederen irdischen Welt und jener unendlich fernen des Himmels, eben Engel!

Außerdem war Gott unbegreiflich und unfassbar. Man konnte ihn anbeten, ohne sich ihn wirklich vorstellen zu können. Bei Engeln als seine Boten war das anders, sie waren begreifbarer, menschlicher, erdverbundener. Und weil die Menschen sich nach möglichst vielen Engeln sehnten, erfanden sie immer mehr Engel. So kam es geradezu zu einer Inflation an Engeln.

Die Kirche beobachtete die wachsende Engel-Manie mit Besorgnis. Dabei hatte sie nichts gegen fromme Phantasie. Die Mächtigen der Kirche befürchteten jedoch, sie könnten durch ein Zuviel an Engeln an Einfluss auf die Menschen verlieren. Denn wenn sich die Menschen immer mehr an Engel wandten, wenn sie himmlische Hilfe bei Engeln suchten – wurde da die Kirche nicht nach und nach überflüssig?

Daher kam es im Jahre 1215 zu einer kirchlichen Aktion gegen die Engel. Im vierten Laterankonzil wurde verkündet, dass nur die in der Bibel erwähnten drei Erzengel Michael, Gabriel und Rafael mit den Lehren Jesu in Einklang gebracht werden könnten. Als frommer Katholik müsse man sich ausschließlich auf die Verehrung dieser drei Erzengel beschränken. Dem im Volk weit verbreiteten Glauben an Engel tat dieser Beschluss aber keinen Abbruch.

Man versuchte zudem, das Wissen um himmlische Mächte für die eigenen Zwecke zu nutzen. Wenn schon Engel zwischen Himmel und Erde reisten – konnte man sich diese Wesen nicht dienstbar machen? Es kam zu einer Inflation von magischen Texten, in denen es um die Beschwörung von Geistern, Dämonen und Engeln ging! Solche Texte wurden nicht selten biblischen Gestalten zugeschrieben. Besonders weit verbreitet waren Zauberbücher wie »Clavicula Salomonis«, der »Schlüssel Salomo«, angeblich von Salomo verfasst.

Der Volksglaube schmückte altbekannte biblische Geschichten aus und ergänzte Engel und Teufel. In der überreich mit Wandmalereien versehenen St. Jakobus-Kirche in Urschalling am Chiemsee etwa werden biblische Geschichten dargestellt, die eine »Bibel der Armen« ergeben. Gezeigt werden auch Kain und Abel. Kain, der Ackermann, hält ein Ährenbündel in den Armen und hebt seine Opfergabe zum Himmel empor. Abel bietet ein Opferlamm an. Was im biblischen Text nicht steht, hat der Volksglaube ergänzt. Hinter Kain steht der Teufel, der beide Hände auf die Schultern Kains legt. Zu Abel hat sich ein Engel gesellt. Er umklammert mit der Linken Abels Arm, mit der Rechten deutet er nach oben. So wurde vor rund 600 Jahren in Urschalling die Bibel ergänzt: Teufel und Engel wurden ins Bild eingefügt, um darzulegen, dass fromme Taten von Engeln, böse Handlungen vom Teufel unterstützt werden. Die Geschichte von Gott lebt also. Sie verändert sich, wird ergänzt. Biblische Texte können dabei als Ausgangspunkt genommen werden. Die Version der Bibel von den Geschehnissen ist dabei nicht endgültig.

Christinnen sollen Schleier tragen – der Engel wegen

Für wie real man zu Jesu Zeiten und auch in der frühen, jungen jesuanischen Glaubensgemeinschaft die Welt der Engel hielt, das geriet schnell wieder in Vergessenheit. Dabei hat der uralte Glaube auch heute noch Auswirkungen auf das alltägliche Verhalten vieler Menschen. Allgemein bekannt und verbreitet ist heute noch der Brauch, dass Frauen in christlichen Kirchen eine Kopfbedeckung tragen dürfen. Wer weiß aber, dass dies mit dem alten Glauben an Engel zusammenhängt? Heute ist es Frauen gestattet, im christlichen Gotteshaus das Haupthaar zu bedecken, Männer müssen ihre Kopfbedeckungen abnehmen. Für die junge christliche Gemeinde galt für Frauen die Kopftuchpflicht. Konkret fordert der erste Brief an die Korinther (Kapitel 11, Vers 10) von Frauen für den Gottesdienstbesuch: »Darum soll eine Frau ein Tuch auf dem Haupte haben um der Engel willen.«

Warum das? Barbara Walker (»Das geheime Wissen der Frauen«, Frankfurt am Main 1993, S. 218) rekonstruierte den ursprünglichen, heute in Vergessenheit geratenen Sachverhalt. Paulus spricht von daemones (Dämonen), die zu Engeln christianisiert wurden. Dämonen hatten einst keinen besonders guten Ruf. Einige von ihnen galten als geradezu lüstern. Der Anblick und der Geruch von Frauenhaaren stellte für sie eine große Versuchung dar. Also mussten Frauen ihre Haare unter einem Tuch verbergen, um nicht einsame Engel auf falsche Gedanken zu bringen.

Zu Beginn des dritten Jahrtausends n. Chr. wächst der Einfluss des Islam auf das christliche Abendland. In Städten gehören verschleierte Muslimas schon zum alltäglichen Bild. Gläubige Muslimas meinen sich verschleiern zu müssen, weil ihrer Überzeugung nach der Koran das fordert. Dabei gibt es im Koran kein konkretes Verschleierungsverbot für Frauen. Menschen christlichen Glaubens sollten darauf verzichten, Muslimas Unkenntnis des Koran vorzuhalten. Schließlich wissen die wenigsten von ihnen, dass es in der Bibel eine Art Verschleierungsgebot für Frauen gibt!

Anders als im Judentum, Christentum und Islam existiert im Buddhismus kein allmächtiger Gott, der das Weltgeschehen und die Schicksale der Menschen lenkt. Vielmehr wird alles Existierende von einer universellen Lebenskraft durchströmt. Erlösung findet, wer gemäß den allgemeingültigen Gesetzen des Universums lebt. Auch wenn im Buddhismus der personifizierte Gott fehlt, gibt es gleichwohl engelartige geflügelte Wesen. Sie sind Personifikationen von Schutz und Mitgefühl. Boddhisatwa ist so ein buddhistischer Engel. Er ist allen Widrigkeiten des Lebens zum Trotz von der Existenz des Guten überzeugt und hat es sich zur Aufgabe gemacht, allen Menschen zu helfen, selbst wenn sie ihm mit Hass begegnen. Boddhisatwa Awalokiteschwara ist ein anderer buddhistischer Engel, der den Menschen als heilbringender Helfer begegnet. Im Nichiren Daishonin, einer von vielen unterschiedlichen Varianten des Buddhismus, gilt der Boddhisatwa nicht als ein hilfreiches geflügeltes Wesen, sondern ein Symbol für vorbildliche Lebensweise. Jeder Mensch, der ein uneigennütziges Leben zum Wohle seiner Mitmenschen führt, wird so zum Engel. Jeder Mensch ist nach diesem Glauben dazu in der Lage, seinen Mitmenschen ein Engel zu werden.

4. Die Messiasse des Alten Testaments und Jesus

Die Geschichte von Gott lehrt: Religiöse Grundbegriffe veränderten sich nachhaltig im Lauf der Zeit. Theologie wird gelegentlich der Realität angepasst. So erwarteten die Verfasser der biblischen Prophezeiungen ursprünglich zwei Messiasse, nicht einen: Ein königlicher Messias würde den Gläubigen zu ihrem weltlichen Recht verhelfen, ein priesterlicher Messias würde den Sieg für den Glauben erringen. Als das Volk Israel unter Tyrannen wie dem blutrünstigen Herodes litt, wuchs die Hoffnung auf die zwei Messiasse. Deshalb stießen Johannes der Täufer und Jesus auf große Begeisterung: Viele hielten sie für die beiden prophezeiten Messiasse. Im Neuen Testament wurde Johannes zur unbedeutenden Randfigur, während Jesus zu dem Messias ernannt wurde. Aus einem von zwei Erlösern des jüdischen Volkes wurde der *Messias für die ganze Welt. So wurde die Voraussetzung für ein Christentum als Weltreligion geschaffen.*

Zwei Messiasse – der Messias

Einer der großen Sieger in der Geschichte von Gott ist das Christentum. Mit dem Aufstieg zur Weltreligion setzte sich für Millionen von Menschen eine theologische Überzeugung durch: Jesus war der von den Propheten des Alten Testaments angekündigte Messias und Erlöser. Erklärend fasst »amen-online« zusammen: »Griechisch ›christos‹ und hebräisch ›masiach‹ bedeutet ›gesalbt‹. Israels Könige wurden gewöhnlich von Propheten zum König gesalbt. Die Propheten bestrichen hierbei den Kopf eines zukünftigen Königs mit Öl, um so Gottes Erwählung auszudrücken. Zur Zeit Jesu war Israel in römischer Hand und hatte schon lange keinen eigenen König mehr. Die meisten Juden dieser Zeit hofften deshalb auf einen neuen Messias, der Israel aus der römischen Herrschaft befreien und ein Reich des Friedens und der Gerechtigkeit gründen würde. Christen glauben, dass dieser Messias in Jesus Christus gekommen ist, dass seine Herrschaft aber über das Judentum hinausgeht. Jesus Christus hatte also nicht die Aufgabe, Israel von den Römern zu befreien, sondern alle Menschen von Hass und Gewalt zu erlösen. Jesus Christus gibt allen Menschen im Gebet Kraft zu friedvoller Versöhnung und die Hoffnung auf vollkommene Vergebung und Versöhnung im Himmel.«

In zutreffender Weise wird auf die Veränderung der Messias-Vorstellung vom Alten zum Neuen Testament hingewiesen. Die Christen glauben, dass Jesus als Erlöser für die gesamte Welt erschien. Die Juden zu Jesu Zeiten hatten einen völlig anderen Messias-Begriff. Die Menschen im Heiligen Land empfanden die Knechtschaft der Römer als unerträgliche Bürde und hofften auf Befreiung. Sie dachten an messianische Erlösung im irdischen Sinn: So wie einst das Joch der ägyptischen Sklaverei von den Menschen genommen worden sei, so möge auch die Unterdrückung durch die Römer ein Ende finden – im realen, irdischen Leben. Allerdings sehnten sie sich nicht nach einem Messias, sondern nach zwei Messiassen. Da im christlichen Glauben Jesus mit dem Messias gleichgesetzt wurde, durfte es im Alten Testament nur die Ankündigung *eines* Messias geben. Der Glaube, so wie er ursprünglich im Alten Testament festgehalten wurde, ist durch das Christentum rückwirkend verändert worden. Die Geschichte von Gott ist immer Geschichte vom sich verändernden Glauben an Gott.

Die ersten Messiasse des Alten Testaments waren Aaron und seine Söhne: Sie wurden zu Priestern gesalbt, also zu Messiassen gemacht (2. Buch Mose, Kapitel 40, Verse 12–15). Messias lässt sich als »Gesalbter« übersetzen. Für die Zukunft prophezeite das Alte Testament eindeutig *zwei* Gesalbte, also Messias-Gestalten, was von den christlichen Kirchen konsequent übergangen wird. Durch geschicktes, einseitiges Zitieren wird aus der hoffnungsvollen Erwartung von zwei Messiassen die Sehnsucht nach nur noch einem Messias. Nachdem sich das Christentum auf Jesus als *den* Messias geeinigt hatte, mochte man im Alten Testament keine Hinweise mehr auf zwei Messiasse wahrhaben.

Die Aussagen des Alten Testaments sind aber ganz eindeutig, was die Zahl der Messiasse angeht. So wird zum Beispiel dem Propheten Sacharja in einer Traumvision Zukünftiges offenbart. Sacharja versteht zunächst nicht, was ihm da gezeigt wurde. Ein Engel muss interpretieren (Sacharja, Kapitel 4, Verse 11–14): »Und ich hob an und sprach zu ihm: ›Was sind die zwei Ölbäume zur Rechten und zur Linken des Leuchters?‹ Und ich sprach weiter zu ihm: ›Was sind die beiden Zweige der Ölbäume bei den zwei goldenen Röhren, aus denen das goldene Öl herabfließt?‹ Und er sprach zu mir: ›Weißt du nicht, was sie sind?‹ Ich aber sprach: ›Nein, mein Herr.‹ Und er sprach: ›Es sind die zwei Gesalbten, die vor dem Herrscher aller Lande stehen.‹«

Mit anderen Worten: Vor Gott, dem »Herrscher aller Lande«, stehen ganz eindeutig zwei Gesalbte, nicht nur einer. Die genaue Aufgabenstellung für die beiden Messiasse wird bei Sacharja an anderer Stelle noch deutlicher hervorgehoben (Kapitel 6, Verse 12 und 13): »Siehe, es ist ein Mann, der heißt Spross; denn unter ihm wird's sprossen, und er wird bauen Jahwes Tempel. Ja, Jahwes Tempel wird er bauen, und er wird herrlich geschmückt sein und wird sitzen und herrschen auf seinem Thron. Und ein Priester wird sein zu seiner Rechten, und es wird Friede sein zwischen den beiden.«

Eine Zeit des Friedens wird nach diesen Prophezeiungen dann ausbrechen, sobald zwei Messiasse erscheinen. Diese klare Aussage findet sich im Alten Testament, aber auch in apokryphen Schriften, die nicht in die Bibel aufgenommen wurden. So heißt es im »Testament Simeons«: »Es wird nämlich der Herr aus Levi einen Hohenpriester erwecken und aus Juda einen König, Gott und Mensch. Er wird alle Heiden und das Geschlecht Israels erretten.«

Im »Testament Judas« wird dem priesterlichen Messias Vorrang gegenüber seinem weltlichen Kollegen eingeräumt: »Und nun, Kinder, liebt den Levi ... und erhebt euch nicht gegen ihn, damit ihr nicht vertilgt werdet. Mir nämlich gab der Herr das Königtum und jenem das Priestertum und er ordnete das Königtum dem Priestertum unter.«

Diese heiligen Texte über die zwei zu erwartenden Messiasse machen es möglich, einen Text aus dem Fundus der Höhlen von Qumran zu verstehen und im Alten Testament einen bedeutsamen Fehler zu entdecken. Es handelt sich dabei um das äußerst kurze »Buch« des Propheten Maleachi. Die Version, die man heute im Alten Testament findet, basiert auf relativ jungen Handschriften. Die älteste stammt aus dem 9. Jahrhundert n. Chr. Zu Beginn von Kapitel 3 heißt es: »Siehe, ich will meinen Boten senden, der vor mir den Weg bereiten soll. Und bald wird kommen zu seinem Tempel der Herr, und der Engel des Bundes, den ihr begehrt, siehe, er kommt.«

Bezieht man diesen Text auf das Thema »Messias«, so

scheint vordergründig nur ein Messias angekündigt zu werden. Tatsächlich sind es deren zwei: der Herr und der Bote des Bundes. Glücklicherweise liegt uns aber eine tausend Jahre ältere Abschrift des Propheten Maleachi vor, die uns Gewissheit verschafft. Sie ist zwar lückenhaft, belegt aber, dass Maleachi nicht einen, sondern zwei Messiasse avisiert. Das ist klar zu erkennen, auch wenn dieser Text von Qumran nur bruchstückhaft ist. Im folgenden Zitat sind die erhaltenen Worte kursiv gedruckt, die zu ergänzenden stehen in Klammern: »*Siehe*, (ich will senden meine) *Bot*(en), (die vor mir) *den Weg bereiten. Und bald werden sie kommen zu* (seinem Temp)*el* (der) *Herr, und der Bote des Bund*(es), (den ihr) *begehrt, siehe, er kommt.*« Der Sachverhalt ist eindeutig: »bald werden *sie* kommen« – die Messiasse und nicht der Messias!

Die Mitglieder der Ordensgemeinschaft von Qumran lebten nach einem komplexen System von Vorschriften, die strikt eingehalten werden mussten. In der Gemeinderegel heißt es (IQS IX, 7–11): »Nur die Söhne Aarons sollen in Bezug auf die Rechtsprechung und Besitz herrschen, nach ihrer Weisung soll das Los fallen für jede Anordnung der Männer der Gemeinschaft … Und von keinem Rat des Gesetzes sollen sie abweichen … sondern sie sollen nach den früheren Bestimmungen gerichtet werden, durch welche im Anfang die Männer der Gemeinschaft in Zucht gehalten worden sind, bis dass der Prophet und die Messiasse Aarons und Israels kommen.«

Eduard Lohse, Herausgeber des Quellenwerkes »Die Texte aus Qumran«, schreibt in den Anmerkungen zum Hinweis auf die Messiasse: »Die Qumrangemeinde erwartete das Kommen des endzeitlichen Propheten und der beiden Gesalbten Gottes, eines priesterlichen und eines königlichen Messias.«

In den letzten Jahrhunderten vor der Zeitenwende war ganz offensichtlich im Judentum eine Hoffnung fest verankert – auf das Erscheinen von zwei Messiassen. Diese Sehnsucht wuchs im ersten vorchristlichen Jahrhundert von Jahr zu Jahr. 63 v. Chr. drang der Feldherr Pompeius mit militärischer Härte im östlichen Mittelmeerraum vor. Dank seiner gut ausgebildeten Legionäre konnte er fast blitzartig Kleinasien, Syrien und Palästina erobern. Jerusalem widersetzte sich erstaunlich lange. Drei Monate hielt die Verteidigung der Stadt, dann fiel sie. An einem besonderen Sabbat ließ Pompeius attackieren – am höchsten Feiertag der Juden, Jom Kippur. Das Kalkül des römischen Feldherren ging auf: Selbst unter den härtesten Kämpen der Truppen in Jerusalem gab es nicht wenige, die gerade diesen Feiertag heiligen, also lieber nicht zum Schwert greifen wollten. Es stand eigentlich die Todesstrafe auf jede Arbeit, also auch auf kriegerische Aktivitäten – und sei es im Verteidigungsfalle.

Heißt es doch im mosaischen Gesetz, dass jener Feiertag ganz besonders geheiligt werden solle (3. Buch Mose, Kapitel 23, Verse 27–32): »Am zehnten Tage in diesem siebenten Monat ist der Versöhnungstag. Da sollt ihr eine heilige Versammlung halten und fasten und Jahwe Feueropfer darbringen und sollt keine Arbeit tun an diesem Tage, denn es ist der Versöhnungstag, dass ihr entsühnt werdet vor dem Jahwe, eurem Gott. Denn wer nicht fastet an diesem Tage, der wird aus seinem Volk ausgerottet werden. Und wer an diesem Tage irgendeine Arbeit tut, den will ich vertilgen aus seinem Volk. Darum sollt ihr keine Arbeit tun. Das soll eine ewige Ordnung sein bei euren Nachkommen, überall, wo ihr wohnt. Ein feierlicher Sabbat soll er euch sein und ihr sollt fasten.

Am neunten Tage des Monats, am Abend, sollt ihr diesen Ruhetag halten, vom Abend an bis wieder zum Abend.«

So fiel Jerusalem den Römern in die Hände. 12000 Juden wurden, wie der römerfreundliche Historiker Josephus berichtet, niedergemetzelt.

Pompeius machte auch nicht vor dem Allerheiligsten des Tempels halt. Nach mosaischen Vorschriften durfte nur der Hohepriester selbst – und das nur an einem Tag im Jahr, nämlich an Jom Kippur (»Versöhnungstag«) – den hinter einem Vorhang verborgenen Raum betreten. Wahrscheinlich war Jom Kippur ein uralter Feiertag aus ferner Vergangenheit. Man wählte einen »Sündenbock« aus, halste dem armen Tier die Sünden des Volkes auf und trieb es zum Sterben in die Wüste. So wurden nach jüdischem Glauben Jahr für Jahr wieder die Sünden vom Volk genommen.

Pompeius rührte den Tempelschatz nicht an. Er ließ sogar den Tempel wieder reinigen. Doch es stimmte viele gläubige Juden nachdenklich, dass es Jahwe offensichtlich nicht gelungen war, sein Allerheiligstes gegen die mordenden Heiden zu schützen. War also Jahwe gar nicht der mächtige Weltenlenker, wie seine Priester behaupteten? Wie konnte man annehmen, er sei Herrscher über das Universum, wenn er es selbst am höchsten Feiertag nicht fertigbrachte, ungläubige Barbaren von seinem eigenen Haus fernzuhalten?

Die militärischen Erfolge von Pompeius bescherten Rom großen Reichtum. Palästina war kein freies Land mehr. Aufgeteilt in autonome Distrikte, stand das Land unter der Militärkontrolle der Römer. Auf dem Papier gab es zwar einheimische Fürsten an der Spitze der einzelnen Distrikte, zu bestimmen aber hatten sie so gut wie nichts. Einer dieser Pseudofürsten war Antipater, dem Rang nach Prokurator von Judäa, der Vater von Herodes.

Die erfolgreichen Tage von Pompeius waren bald gezählt. Sein Schicksal war wohl besiegelt, als er sich Julius Caesar zum Feind machte. Bei Pharsalos verlor er eine blutige Schlacht gegen den strategisch überlegenen Caesar. Wenig später wurde Pompeius in Ägypten ermordet, doch auch Caesar überlebte seinen Feind nicht lange, er fiel vier Jahre später einem Attentat zum Opfer. Caesars Mörder Brutus und Cassius verschwanden rasch wieder von der Weltbühne. Sie unterlagen Marcus Antonius. Und der wiederum wurde 31 v. Chr. von Oktavian, dem Großneffen Caesars, besiegt. Oktavian machte unter dem Namen Augustus als erster römischer Kaiser Geschichte.

Um seine Machtstellung auch gegenüber Rivalen festigen zu können, brauchte Augustus Ruhe an den Grenzen des römischen Reiches. Kritisch sah es im Osten aus. Die Juden galten als so aufsässig, dass man ihnen Aufstände gegen das ferne Rom zutraute. So suchte Augustus jemanden, der den Osten für Rom sichern konnte. Der geradezu ideale Mann für diese Aufgabe war Herodes.

Herodes war besessen vom Gedanken, König der Juden zu werden. 40 v. Chr. musste er vor den angreifenden Parthern aus Jerusalem nach Rom fliehen. Dort gelang es ihm, Antonius und Oktavian, damals noch Verbündete, von seinen machtpolitischen Qualitäten zu überzeugen. Die beiden waren offensichtlich zur Überzeugung gekommen, dass Herodes für Ruhe in Palästina sorgen und die Parther abwehren konnte. So wurde Herodes zum »König von Judäa« ernannt. Begleitet von Oktavian und Antonius, opferte er dankbar in feierlicher Zeremonie auf dem Kapitol dem Jupiter.

Offiziell war er zwar nun König der Juden, doch musste er seine Macht erst militärisch vor Ort erringen. Herodes eroberte, sorgsam strategisch planend, sein Königreich.

Zunächst besiegte er das aufständische Galiläa, dann besetzte er das südlicher gelegene Samaria. Am längsten widerstand Jerusalem. Erst nach erfolgreicher Belagerung wurde der Widerstand der ehrwürdigen Stadt mit brachialer Gewalt gebrochen. Im Jahr 37 v. Chr. war es dann so weit: Herodes war nicht nur in den Aufzeichnungen der Römer, sondern real vor Ort König von Judäa.

Herodes, auch der Große genannt, wollte sich die Anerkennung seiner Untertanen erheiraten. Mit dem Einmarsch der Römer im Heiligen Land anno 63 v. Chr. war die etwa ein Jahrhundert währende Regentschaft des hohepriesterlichen Geschlechts der Makkabäer beendet worden. Nur ein knappes Jahrhundert hatte es ein unabhängiges Israel gegeben. Herodes ehelichte Mariamne, die aus dem Geschlecht der Makkabäer stammte.

Sehnsuchtsvoll erinnerten sich die Juden an die Zeit in Freiheit, bevor die Römer ins Land einfielen. Würden sie Herodes als legitimen Herrscher anerkennen, wenn er die schöne Makkabäerin Mariamne heiratete? Selbst wenn die Hochzeit dem Herodes einige Sympathien unter den Juden einbrachte, verscherzte er sie schnell wieder. Kaum saß er auf dem blutigen Königsthron, ordnete Herodes die Hinrichtung von 45 der 70 Mitglieder des Hohen Rats der Juden an.

Im Jahr 31 v. Chr. erschütterte ein gewaltiges Erdbeben Judäa. 30 000 Opfer waren zu beklagen. Für strenggläubige Juden war das kein zufälliges Unglück natürlicher Art, sondern der Hinweis auf das bevorstehende Strafgericht, das Gott Jahwe über sein Volk abhalten würde. Musste Jahwe nicht empört darüber sein, dass sich viele Juden mit den heidnischen, ungläubigen Besatzern abgefunden hatten? Vernachlässigten nicht jene Juden ihren Glauben, die nur noch halbherzig den vielen mosaischen Gesetzen gemäß lebten?

Herodes wusste sehr wohl, dass die Lage in seinem Königreich keineswegs stabil war. Ihm war bekannt, dass sich viele fromme Juden nach einem Messias sehnten, der seiner Herrschaft ein Ende setzen würde. Er ging von einer realistischen Gefahr eines gewaltsamen Widerstands, ja von einer Revolution aus. Deshalb ließ er mehrere Wüstenfestungen der Makkabäer ausbauen und mit Vorräten an Nahrungsmitteln, Wasser und Waffen versehen. Im Falle einer erfolgreichen Revolution konnte er sich so schnell zurückziehen und erst einmal verbarrikadieren. Fast gleichzeitig begann Herodes mit der Erneuerung des Tempels von Jerusalem. Obwohl er von großen Teilen der Juden als ungläubiger Terrorregent abgelehnt wurde, hoffte er nicht zuletzt dank der Unsummen, die er in den neuen Tempel steckte, als legitimer König der Juden anerkannt zu werden. Als ein zweiter Salomo wollte er in die Geschichte eingehen. Vielleicht war er sogar nach biblischem Denken ein würdiger Nachfolger Salomos, was die Baukunst betraf. Bibelkritische Skeptiker glauben sogar, dass der angeblich von Salomo errichtete Tempel in Wirklichkeit ein eher bescheidenes Gebäude als ein Weltwunder der Architektur war. Dann wäre Herodes geschichtlich gesehen ein größerer Baumeister als Salomo.

Auch wenn so gut wie nichts über den historischen Salomo bekannt ist – die biblische Überlieferung verklärte ihn zum unglaublich reichen, dabei stets gerechten, gütigen und weisen Regenten. Herodes entsprach in keiner Weise dem so leuchtenden Vorbild. Er beutete rigoros die Bauern aus, indem er ihnen immer höhere Steuern abverlangte, und unter seiner Regentschaft wurden die Menschen auf dem Land immer ärmer, die Städter hingegen immer reicher.

Angst hatte Herodes nicht nur vor potenziellen Rebellen, sondern auch vor der eigenen nächsten Verwandtschaft. So war seine Regierungszeit geprägt von Misstrauen auch gegen die nächsten Verwandten. Überall vermutete er Verschwörungen und schreckte vor nichts zurück. So machte Herodes anno 36 v. Chr. auf Drängen seiner Frau Mariamne seinen Schwager Aristobulos zum Hohepriester. Nach dessen erstem Auftritt zum Laubhüttenfest ließ er allerdings den 16-jährigen nach Abschluss der Feiern im Schwimmbad von seinen Dienern ertränken.

Im Jahr 12 v. Chr. beschuldigte Herodes seine Söhne Alexandros und Aristobulos, seine Ermordung zu planen. Vor Kaiser Augustus klagte er gegen die angeblichen Pläne seiner Söhne, doch es gelang dem Kaiser, Vater und Söhne wieder miteinander zu versöhnen. Der familiäre Frieden hielt aber nicht lange. 8 v. Chr. erhob Herodes neuerlich Vorwürfe gegen seine beiden Söhne. Mit der Genehmigung des Augustus klagte er sie wegen Hochverrats an. Die Gerichtsverhandlung fand 7 v. Chr. in Berytos statt, beide Söhne wurden schuldig gesprochen und hingerichtet, wie schon anno 29 v. Chr. seine erste Frau Mariamne.

5. v. Chr. wurde auch Sohn Antipatros bezichtigt, seinem Vater Herodes nach dem Leben zu trachten. Die Todesstrafe wurde verhängt, musste aber erst vom Kaiser gebilligt werden. Sie wurde mit dem Einverständnis des Kaisers 4 v. Chr. vollstreckt. Im gleichen Jahr wagten gläubige Thoraschüler einen offenen Angriff auf ein verhasstes Symbol römischer Oberherrschaft. Sie zerstörten den großen goldenen Adler über dem Haupteingang zum prachtvollen Tempel von Jerusalem. Es gab einen groß angelegten Schauprozess gegen die jungen Männer. Herodes selbst leitete ihn, was er wegen schwerer Erkrankung nur vom Bett aus tun konnte. Das Urteil lautete Tod durch Verbrennen bei lebendigem Leibe und wurde auf grausame Weise umgesetzt.

Im gleichen Jahr starb Herodes nach schmerzhaftem Siechtum. Sein letzter Befehl wurde nicht befolgt: Sterbend hatte er die vornehmsten Persönlichkeiten des Landes und ihre nächsten Angehörigen verhaften und in der Pferderennbahn einsperren lassen. Nach seinem Tod, so hatte der Befehl gelautet, waren sie alle zu töten, damit es möglichst in jeder angesehenen Familie Grund zum Weinen gab.

Zu den wohl bekanntesten Episoden des Neuen Testaments zählt die Geschichte vom Kindermord von Bethlehem (Evangelium nach Matthäus, Kapitel 2, Verse 1–16): »Als Jesus geboren war in Bethlehem in Judäa zur Zeit des Königs Herodes, siehe, da kamen Weise aus dem Morgenland nach Jerusalem und sprachen: ›Wo ist der neugeborene König der Juden? Wir haben seinen Stern gesehen im Morgenland und sind gekommen, ihn anzubeten.‹ Als das der König Herodes hörte, erschrak er und mit ihm ganz Jerusalem, und er ließ zusammenkommen alle Hohepriester und Schriftgelehrten des Volkes und erforschte von ihnen, wo der Christus geboren werden sollte. Und sie sagten ihm: ›In Bethlehem in Judäa; denn so steht geschrieben durch den Propheten: Und du, Bethlehem im jüdischen Lande, bist keineswegs die kleinste unter den Städten in Juda; denn aus dir wird kommen der Fürst, der mein Volk Israel weiden soll.‹ Da rief Herodes die Weisen heimlich zu sich und erkundete genau von ihnen, wann der Stern erschienen wäre, und schickte sie nach Bethlehem und sprach: ›Zieht hin und forscht fleißig nach dem Kindlein; und wenn ihr's findet, so sagt mir's wieder, dass auch ich komme und es anbete.‹ Als sie nun den König gehört hatten, zogen sie hin. Und siehe, der Stern, den sie im Morgenland gesehen hatten, ging vor ihnen her, bis er über dem Ort stand, wo das Kindlein war. Als sie den Stern sahen, waren sie hocherfreut und gingen in das Haus und fanden das Kindlein mit Maria, seiner Mutter, und fielen nieder und beteten es an und taten ihre Schätze auf und schenkten ihm Gold, Weihrauch und Myrrhe. Und Gott befahl ihnen im Traum, nicht wieder zu Herodes zurückzukehren; und sie zogen auf einem andern Weg wieder in ihr Land. Als sie aber hinweggezogen waren, siehe, da erschien der Engel des Herrn dem Josef im Traum und sprach: Steh auf, nimm das Kindlein und seine Mutter mit dir und flieh nach Ägypten und bleib dort, bis ich dir's sage; denn Herodes hat vor, das Kindlein zu suchen, um es umzubringen. Da stand er auf und nahm das Kindlein und seine Mutter mit sich bei Nacht und entwich nach Ägypten und blieb dort bis nach dem Tod des Herodes, damit erfüllt würde, was der Herr durch den Propheten gesagt hat, der da spricht: ›Aus Ägypten habe ich meinen Sohn gerufen.‹ Als Herodes nun sah, dass er von den Weisen betrogen war, wurde er sehr zornig und schickte aus und ließ alle Kinder in Bethlehem töten und in der ganzen Gegend, die zweijährig und darunter waren, nach der Zeit, die er von den Weisen genau erkundet hatte.«

Die Grausamkeiten des Herodes sind historisch belegt. Seine Angst vor einem neuen König, der ihn aus seinem geliebten Amt vertreiben würde, ist ebenso verbürgt. Der ihm nachgesagte Kindermord zu Bethlehem passt zwar sehr gut zum realen Naturell des Kaisers, ist aber historisch nicht nachweisbar. Es hat ihn wohl nie gegeben! Vielleicht spiegelt er in verzerrter Form die Tatsache wider, dass Herodes mehrere seiner Söhne töten ließ?

Die Weisen aus dem Morgenland könnten persische Sterndeuter gewesen sein. Einem Kometen folgten sie wohl nicht, denn die galten stets als Vorboten für Unglücke wie Krieg und Tod, nicht aber als himmlisches Zeichen für die nahende Geburt eines irdischen Herrschers. Welcher Stern könnte die Astrologen vor mehr als zwei Jahrtausenden angelockt haben? Korrekter müsste die Frage lauten: Welche Planetenkonstellation mag die Männer ins Heilige Land geführt haben?

Man muss außerdem fragen: Welche Planeten galten zu Jesu Zeiten als günstige Vorzeichen, die Positives versprachen? Jupiter wurde immer als Künder von Erfreulichem verstanden. Saturn deutete auf gute und edle Menschen hin. Mars stand für Stärke, Merkur für Frömmigkeit und Venus für die Liebe zu Mensch und Gott. Welcher dieser Planeten mag nun Astrologen aus Persien ins Land der Bibel gelockt haben? Man muss wissen, dass Astrologen Prophezeiungen stets aus Planetenkonstellationen lesen, nicht aus einzelnen Planeten. Am 17. April 6 v. Chr. gab es eine wirklich sehr erstaunliche Kombination, wie sie nur höchst selten auftritt. Die fünf Planeten Jupiter, Saturn, Mars, Merkur und Venus traten gemeinsam auf: im Sternbild Widder. Dazu gesellte sich die schmale Sichel des zunehmenden Mondes. Widder war das Sternzeichen Judäas. Die Glücksplaneten im Widder zusammen mit dem Mond ließen sich einfach interpretieren: »In Judäa wird ein König geboren werden, ein guter, edler, starker, frommer, von Gott und den Menschen geliebter Regent!«

Sternkundige Magoi können für den 17. April 6 v. Chr. sehr wohl die Geburt von Judäas neuem König erwartet haben. Mag sein, dass sie deshalb die strapaziöse Reise nach Judäa auf sich nahmen. Das Datum passt jedenfalls in die Historie: Die Magoi wären demnach noch zu Lebzeiten von Herodes angereist. Wesentlich interessanter als astrologische Überlegungen zum »Stern von Bethlehem« ist eine klar erkennbare Absicht des Verfassers: Die Juden erwarteten vor mehr als zwei Jahrtausenden nicht einen, sondern zwei

Messiasse. Durch die rührende Geschichte von den Magoi wird die Hoffnung auf *einen* Messias reduziert.

Kaiser Augustus favorisierte Archelaos, einen der Söhne des Herodes. Der Kaiser versprach ihm den Königsthron. Sobald er sich als »würdig« erweise, werde er ihn einsetzen. Als lokaler Fürst erwies sich Archelaos als echter Herodes. Und die Angst des Herodes vor Aufständen sollte sich bewahrheiten. Unruhen brachen in Jerusalem aus, worauf Archelaos mit militärischer Härte antwortete. Mehr als 3000 Aufständische wurden getötet. Auch in Galiläa erhoben sich die Menschen. Varus wurde mit seinen Truppen geschickt. Er verwüstete die blühende Stadt Sephoris, bevor er sich nach Jerusalem wandte. Mit Aufrührern wurde kurzer Prozess gemacht. Tausende wurden entlang der Straßen nach Jerusalem gekreuzigt. Die Römer reagierten wohl auch deshalb so brutal, weil ihnen die prophetischen Erwartungen von zwei Messiassen bekannt war. Mehr oder minder planlos angreifende Aufständische waren mit bestens geschulten Truppen leicht zu besiegen. Was aber würde geschehen, wenn sich das Volk von den geweissagten zwei Messiassen führen lassen würde?

Tatsächlich erklärten sich immer wieder Aufständische zu Messiassen. Archelaos ging so brutal gegen ihre Bewegung vor, dass er 6 v. Chr. wegen seiner Grausamkeit von Kaiser Augustus abgesetzt und nach Gallien in die Verbannung geschickt wurde. Judäa wurde nun unter römische Verwaltung gestellt. Coponius wurde als Prokurator von Judäa eingesetzt, und zwar mit weitgehenden Befugnissen. Er konnte Todesurteile sprechen und vollstrecken lassen, ohne die Zustimmung des Kaisers einholen zu müssen. Für die Juden konnte es keinen Zweifel geben, dass Rom nun noch härter, noch rücksichtsloser vorgehen würde. Die Hoffnung auf die biblischen Messiasse wuchs, je prekärer die Lage wurde.

Wie viele Mutige und Verzweifelte Aufständische um sich scharten in jener Zeit, ist nicht bekannt. Als Quirinus eine Volkszählung anordnete, um die zu leistenden Steuerabgaben festzusetzen, versuchte Judas der Galiläer den Aufstand. »Wir Juden haben nur einen Herrn! Werft endlich das heidnische Joch der Römer ab!«, forderte er seine Landsleute auf. Er scheint einigen Erfolg gehabt zu haben, lässt die »Apostelgeschichte« (Kapitel 5, Vers 37) vermuten: »Danach stand auf Judas aus Galiläa in den Tagen der Schätzung und machte viel Volks abfällig ihm nach. Und der ist auch umgekommen, und alle, die ihm zufielen, sind zerstreut.«

Je aussichtsloser herkömmlicher Widerstand gegen die Römer wurde, desto intensiver hoffte man auf die zwei Messiasse. Zum Ende der Zeiten hin würden sie erscheinen und die Juden befreien. Wann aber würde es endlich so weit sein? Emsig suchte man in den Texten der Thora (im Alten Testament) nach Prophetenworten, die möglichst konkrete Aussagen enthielten. Beim Propheten Daniel wurde man fündig.

Nach Kapitel 2 des Buches von Daniel würden vier Weltreiche aufeinander folgen: ein goldenes, ein silbernes, ein kupfernes und ein eisernes. Danach aber (Vers 44) »wird der Gott des Himmels ein Reich aufrichten, das nimmermehr zerstört wird; und sein Reich wird auf kein anderes Volk kommen. Er wird alle diese Königreiche zermalmen und zerstören; aber es selbst wird ewig bleiben«. Nach Kapitel 7 wurde Daniel in einer Traumvision die gleiche Botschaft, nur in anderen Bildern vermittelt. Aus dem Meer stiegen vier monströse »Tiere«, nämlich ein Löwe mit Flügeln wie ein Adler, ein Bär mit Rippen zwischen den Zähnen, ein Panther mit Flügeln und ein weiteres Tier mit eisernen Zähnen. Danach würde ein Reich des Himmels ausbrechen.

Beide Prophezeiungen Daniels wurden gleich interpretiert: Angeblich sah Daniel vier Weltreiche kommen und vergehen. Danach würde das himmlische Reich errichtet werden. Unter den vier Reichen verstand man zu Jesu Zeiten Babylon, Persien, Griechenland und Rom. Offensichtlich war man nun in der Zeit des vierten und letzten Weltreichs angelangt. Wie lange würde es noch dauern bis zum Ende dieses verhassten Imperiums?

Auf diese Frage fand man ebenfalls beim Propheten Daniel (Kapitel 9, Vers 24) eine recht konkrete Antwort: »Siebzig Wochen sind verhängt über dein Volk und über deine heilige Stadt; dann wird dem Frevel ein Ende gemacht und die Sünde abgetan und die Schuld gesühnt, und es wird ewige Gerechtigkeit gebracht und Gesicht und Weissagung erfüllt und das Allerheiligste gesalbt werden.«

An anderer Stelle bei Daniel (Kapitel 9, Vers 25) heißt es, dass von der Zeit an gerechnet werden müsse, »als das Wort erging, Jerusalem werde wieder aufgebaut«. Von diesem Moment an, so deutete man die Prophezeiungen, würden siebzig Wochen vergehen bis zum Ende der Welt, aber nur 69 Wochen bis zum Erscheinen des Messias. Jetzt setzte man eine »Woche« mit einer Jahrwoche zu je sieben Jahren gleich. 70 Jahrwochen entsprechen nach dieser Rechnung 490 Jahren. Als Nullpunkt wählte man das Jahr der Rückkehr Esras aus der babylonischen Gefangenschaft, nach unserer heutigen Zeitrechnung das Jahr 457 v. Chr. Das Ende der Zeit würde demnach 490 Jahre nach dem Jahr 457 v. Chr. erfolgen, also 33 n. Chr. Eine Jahrwoche früher würde die messianische Zeit beginnen, also 26 n. Chr.

Dem kritischen Bibelleser muss eine solche Interpretation biblischer Texte äußerst willkürlich vorkommen. Die herangezogenen Prophetenworte sind völlig aus dem Zusammenhang gerissen, und die Interpretationen sind fragwürdig.

Außerdem kann man die angewandte Rechnerei nur als höchst eigenwillig bezeichnen. Es drängt sich der Eindruck auf, als habe man den Wunsch zum Vater der Gedanken gemacht und mit Bibelzitaten und Umrechnungsfaktoren hantiert, um zum gewünschten Ergebnis zu kommen. Man lechzte so sehr nach dem Ende der Römerdiktatur. Also manipulierte man so lange mit Prophezeiungen, bis man das gewünschte Ergebnis präsentieren konnte, nämlich dass man unmittelbar vor der messianischen Phase lebte. Das Joch der verhassten ungläubigen Römer würde man nicht mehr lange ertragen müssen.

Nach mehr als zwei Jahrtausenden lässt sich nicht mehr feststellen, ob man sich mit solchen Thesen Mut machen wollte, um gegen die feindliche Übermacht im eigenen Lande zu kämpfen. Oder glaubte man, dass eine überirdische, himmlische Macht die Römer zum Teufel jagen würde?

»Die 18 Psalmen Salomos« entstanden im 1. Jahrhundert v.Chr. Sie gehören zu den Pseudepigraphen. Unbekannte Verfasser haben sie geschrieben. Um den Texten mehr Autorität zu verleihen, wurden sie dem legendären König Salomo zugeschrieben, der aber mit den Texten nicht das Geringste zu tun hat. Sie verraten uns mehr über die Vorstellungen über das Messiastum als die gängigen biblischen Texte. Im Psalm »Der entweihte Davidsthron vom Messias verherrlicht« heißt es (Vers 4): »Aber wegen unserer Sünden erhoben sich Gottlose wider uns; fielen uns an Leute, denen du keine Verheißung gegeben.« Die »gottlosen« Römer hatten sich erhoben, obwohl ihnen von Gott nichts Gutes verheißen worden war.

Die römische Herrschaft sollte durch eine messianische abgelöst werden (Vers 31), »dass er (der Messias) über deinen Knecht Israel regiere«. Seine erste Aufgabe: Die

Fremdherrscher müssen vertrieben werden. Vers 22: »Und gürte ihn mit Kraft, dass er ungerechte Herrscher zerschmettere, Jerusalem reinige von den Heiden, die es kläglich zertreten.« Unter messianischer Leitung soll dann Gottes Volk selbst regieren (Vers 26): »Dann wird er ein heiliges Volk zusammenbringen, das mit Gerechtigkeit regiert, und wird richten die Stämme des vom Herrn, seinem Gotte, geheiligten Volks.« Dann wird paradiesische Gerechtigkeit das Leben bestimmen (Vers 27): »Er lässt nicht zu, dass ferner Unrecht in ihrer Mitte weile, und niemand darf bei ihnen wohnen, der um Böses weiß.«

Hoffnung auf Johannes und Jesus – oder nur auf Jesus?

Die gläubigen Juden des Alten Testaments warteten auf zwei Messiasse: auf einen priesterlichen und auf einen königlichen. Das Neue Testament berichtet – auch wenn wir das kaum wahrnehmen – über zwei Messiasse: einen priesterlichen und einen königlichen. Der priesterliche Messias war Johannes der Täufer.

Johannes der Täufer soll ein begnadeter Redner gewesen sein. Er lockte – gewiss auch mit einer gehörigen Portion Demagogie – Menschenmassen in die Wüstengegend von Ghor. Der streitbare Mann protestierte mit seiner öffentlich demonstrierten Haltung gegen die herrschende Priesterklasse seiner Zeit. Die hohe Geistlichkeit hatte sich, um selbst an der Macht zu bleiben, mit den Römern arrangiert. Solange die Römer den Priestern die geistliche Leitung ihrer Religion überließen, so lange blieb man ruhig und protestierte nicht. Der Priesterkult verlieh große Macht über das Volk. Diese Stellung erlaubte ein privilegiertes Leben in

Reichtum und Luxus. Stolz sah man sich als Nachfolgerschaft Zadoks, eines Hohepriesters aus der Zeit der Könige David und Salomo. Immer deutlicher wurde ein Konflikt: zwischen der Priesterklasse, den Sadduzäern einerseits und den jungen Revoluzzern, den Zeloten andererseits. Die streitbaren Zeloten und die Essener riefen zum Widerstand gegen die Römer auf.

Für die Römer waren rein religiöse Streitigkeiten unter Juden uninteressant, für sie ging es um knallharte irdische Macht. Sie legten die Steuern fest, die sie kassierten. Solange ihr Herrschaftsanspruch nicht berührt wurde, durften die Juden gern theologisch debattieren. Und Auseinandersetzungen zwischen verschiedenen religiösen Gruppen bei den Juden waren letztlich sogar willkommen, denn stritten sich die Juden über die Auslegung der Schrift, ging von ihnen keine Gefahr aus.

Johannes der Täufer war ein Sohn des jüdischen Priesters Zacharias und der Elisabeth. Er hatte also priesterlichen Hintergrund. Mutig wetterte er gegen den mächtigen Herodes und dessen ehebrecherisches Verhältnis. Als priesterlicher Gesalbter prangerte er die Unmoral bei den Römern an. Dafür wurde er prompt verhaftet und später geköpft (Evangelium nach Matthäus, Kapitel 14, Verse 3–49): »Denn Herodes hatte Johannes ergriffen, gefesselt und in das Gefängnis geworfen wegen der Herodias, der Frau seines Bruders Philippus. Denn Johannes hatte ihm gesagt: Es ist nicht recht, dass du sie hast. Und er hätte ihn gern getötet, fürchtete sich aber vor dem Volk; denn sie hielten ihn für einen Propheten.«

Nach dem Verständnis der Propheten des Alten Testaments galt der priesterliche Messias mehr als der königliche. Wenn nun Johannes der Täufer als der priesterliche Messias angesehen wurde, müsste er als der über Jesus stehende Gesalbte beschrieben werden. Die frühen christlichen Autoren aber akzeptierten nur noch Jesus als den einzigen Messias. Also schrieben sie bewusst Johannes den Täufer klein, um auf diese Weise Jesus zu erhöhen.

Doch die fast schon plumpe Herabwürdigung des Täufers lässt eine klare Absicht erkennen: Der nach dem Verständnis des Alten Testaments überlegene priesterliche Messias muss klein, der unbedeutendere königliche Messias hingegen groß gemacht werden. Diese Umkehr der Verhältnisse soll von Anfang an deutlich sein – schon vor der Geburt von Johannes und Jesus. Da werden der schwangeren Mutter des Täufers noch vor der Geburt von Johannes und Jesus unterwürfige Worte in den Mund gelegt (Evangelium nach Lukas, Kapitel 1, Verse 42 und 43): »Gebenedeit bist du unter den Weibern, und gebenedeit ist die Frucht deines Leibes! Und woher kommt mir das, dass die Mutter meines Herrn zu mir kommt?«

Noch bevor Jesus und Johannes das Licht der Welt erblicken, wird festgeschrieben: Jesus wird der überlegene, der Herr des Täufers sein. Somit wird der priesterliche Messias dem königlichen Messias untergeordnet. Prof. Lüdemann schreibt in seinem Standardwerk »Jesus nach 2000 Jahren« (Lüneburg 2000, S. 355): »Durch das Hüpfen des Kindes im Mutterleib wird die Unterlegenheit des Täufers unterstrichen: Schon vor der Geburt übt Johannes seine prophetische Vorläufer-Funktion aus.«

Prof. Dr. Georg Fohrer, Fachbereich Altes Testament der Universität Erlangen/Nürnberg, erklärte dem Verfasser: »Die geradezu unnatürlich-wundersame Erhöhung Jesu über Johannes den Täufer deutet darauf hin, dass eigentlich Johannes der Täufer als priesterlicher Messias als der Überlegene gegenüber Jesus angesehen wurde!«

Die ursprünglich untergeordnetere Stellung Jesu gegenüber dem priesterlichen Messias klingt auch heute noch im Neuen Testament an. Nach dem Evangelium nach Matthäus (Kapitel 3, Vers 13) machte sich Jesus auf, reiste zu Johannes, um sich taufen zu lassen. Das Evangelium nach Markus beginnt gar mit der Taufe Jesu durch Johannes. Im Evangelium nach Lukas (Kapitel 3, Vers 21) wird eher beiläufig erwähnt, dass Jesus einer von vielen war, die sich von Johannes taufen ließen. Auch im Evangelium nach Johannes (Kapitel 1, Vers 29) begibt sich Jesus zu Johannes. Die ursprüngliche Bedeutung liegt auf der Hand: Der königliche Messias unterwarf sich dem priesterlichen.

Eindeutig wird die Rolle des königlichen Messias beim Propheten Sacharja beschrieben (Kapitel 9, Vers 9): »Du, Tochter Zion, freue dich sehr, und du, Tochter Jerusalem, jauchze! Siehe, dein König kommt zu dir, ein Gerechter und ein Helfer, arm und reitet auf einem Esel, auf einem Füllen der Eselin.« Und genau nach diesem Prophetenwort präsentierte sich Jesus als der königliche Messias, als er in Jerusalem auf einem Eselchen einritt. Und das Volk akzeptierte Jesus als eben diesen Messias, indem es Jesus so empfing, wie man im Geist von Psalm 118 den königlichen Messias zu empfangen hatte, nämlich »mit Zweigen in den Händen«.

Für die Menschen in Jerusalem war der Sachverhalt klar: Da kam der Mann, der den Thron Israels für sich beanspruchte. Es ging nicht mehr um theologische Spitzfindigkeiten, sondern um die Macht in Israel, die nach Ansicht unzähliger Juden viel zu lange und zu Unrecht in den Händen der verhassten ungläubigen Römer gelegen hatte. Jesus zog als der königliche Messias in Jerusalem ein, von ihm erhofften sich die Juden den Sieg über die verhassten Römer. Und deshalb (Evangelium nach Matthäus, Kapitel 21, Vers 10)

»erregte sich die ganze Stadt«. Und deshalb begrüßte ihn die Volksmasse frenetisch, selbst die Kinder im Tempel schrien (Vers 15): »Hosianna dem Sohn Davids!« Der königliche Messias, so hatten es die Propheten geweissagt, würde aus dem Geschlecht Davids kommen. Also erkannten selbst unmündige Kinder, wen sie da vor sich hatten: keinen Frömmler, sondern den künftigen König von Israel!

Für die gläubigen Juden war Jesus der Mann, der der Herrschaft der Römer ein Ende setzen und die legitime Tradition jüdischer Könige aus dem Hause David fortsetzen würde (Evangelium nach Markus, Kapitel 11, Vers 9): »Gelobt sei der, der da kommt in dem Namen des Herrn! Gelobt sei das Reich unseres Vaters David, das da kommt! Hosianna in der Höhe!« Fast noch klarer wird die Aussage im Evangelium nach Lukas (Kapitel 19, Vers 38): »Gelobt sei, der da kommt, der König, im Namen des Herrn! Friede sei im Himmel und Ehre in der Höhe!«

Auch das Johannesevangelium lässt keinen Zweifel zu, für wen das Volk Jesus hielt (Kapitel 12, Verse 12–15): für den »König von Israel«, der in Erfüllung der uralten Prophetie auf einem Esel in Jerusalem einritt!

Prof. Dr. James Tabor schreibt in seinem Werk »Die Jesus-Dynastie« (München 2006, S. 240): »Die Würfel waren gefallen. Sacharjas prophetisches Szenarium für das ›Ende der Tage‹ begann sich zu entrollen. Durch diesen provozierenden Akt der ›messianischen Selbstinszenierung‹ erklärte Jesus unverhohlen seinen Anspruch auf den Thron Israels. Keiner, der die hebräischen Propheten kannte, hätte ihn missverstehen können. Die Aufregung und die Begeisterung über dieses außergewöhnliche Ereignis breiteten sich wie ein Lauffeuer aus. Die Volksmassen begannen, explizit messianische Sprechchöre zu skandieren: ›Hosianna dem Sohn

Davids!‹ und: ›Gesegnet sei er, der da kommt im Namen des Herrn!‹«

Folgt man dem Evangelium nach Johannes, dann machte der offensichtliche Einzug des königlichen Messias einigen Pharisäern in Jerusalem Angst. Sie befürchteten mit Recht, dass die Römer auf diese Provokation nur mit Gewalt antworten konnten – mit rascher Verhaftung und Hinrichtung Jesu als Aufrührer und Revolutionär.

5. Vom Widerstand zur Weltreligion

Johannes der Täufer, für viele einer der zwei erwarteten Messiasse, wurde von den Römern hingerichtet. Alle Hoffnung ruhte dann auf Jesus. In Jerusalem wurde er begeistert als der neue himmlische König begrüßt. Die Römer reagierten brutal auf die Provokation Jesu. Sie kreuzigten Jesus als gefürchteten Rebellen und Aufständischen. Die erhoffte Befreiung vom Joch der Römer scheiterte blutig. Die Rebellion wurde niedergemetzelt. Das hätte das frühe Ende der religiösen Gruppe um Johannes und Jesus bedeuten können, bevor sie überhaupt die Chance hatte, zu einer religiösen Gemeinschaft von Bedeutung zu werden. Doch der junge neue Glaube verschwand nicht mit seinen großen Hoffnungsträgern. Er passte sich an die realen Machtverhältnisse an. Jesu römische Henker wurden von der Verantwortung für den Tod Jesu freigesprochen, das Volk Israel wurde zum Schuldigen erklärt. Aus der Hoffnung einer Gruppe von Aufständischen wurde schnell eine Religion der Mächtigen. Der Glaube sanktionierte die Machtposition der Starken und wurde zur Weltreligion. Wer Herrschende angriff, wurde zum Feind Gottes erklärt. Wer die Macht der Kirche anzweifelte, wurde als Ketzer verfolgt und getötet. Die Inquisition ging grausam gegen Andersdenkende vor.

Johannes der Täufer und Jesus waren für viele Menschen im Heiligen Land große Hoffnungsträger. Würden Johannes als priesterlicher und Jesus als königlicher Messias das Ende der Zeiten einläuten? Die Begeisterung der Menschen wuchs. Für manchen wurde die Unfreiheit erträglich, weil sie bald aufgehoben werden würde – dank der beiden Messiasse. Doch in die wachsende Euphorie platzte eine Schreckensmeldung: Johannes der Täufer war wegen seiner aufwieglerischen Predigten gegen die mächtigen Römer geköpft worden. Und Jesus endete wenige Jahre später am Kreuz.

Trotzdem war der Widerstand gegen Rom nicht erloschen. Nach wie vor forderten die militanten Zeloten zum bewaffneten Krieg gegen die übermächtigen Römer auf. Im Jahr 66 n. Chr. brach der Jüdische Krieg aus, der 70 n. Chr. mit einer katastrophalen Niederlage der Juden endete. Die wachsende Steuerlast, die den Juden von den Römern aufgebürdet wurde, ließ einen letzten Aufstand entstehen. Er wurde blutig niedergeschlagen. 135 n. Chr. war der Staat Israel vernichtet.

Was Johannes der Täufer gepredigt hatte, hatten die Römer rasch als Politikum erkannt. Der streitbare Mann in der Wüste hatte offen Herodes Antipas wegen seines ehebrecherischen Verhältnisses mit Herodias, der Frau seines Bruders, angeklagt. Schließlich hatte Herodes Antipas den Täufer gefangennehmen lassen. Man kann davon ausgehen, dass Johannes als Aufrührer und Rebell hingerichtet wurde. Der biblische Bericht allerdings geht schonend mit der römischen Obrigkeit um. Demnach wurde der Täufer nicht ein Opfer der harten römischen Justiz, sondern der Laune der Geliebten des Herodes Antipas (Evangelium nach Matthäus,

Kapitel 14, Verse 3–11): »Denn Herodes hatte Johannes ergriffen, gefesselt und in das Gefängnis geworfen wegen der Herodias, der Frau seines Bruders Philippus. Denn Johannes hatte zu ihm gesagt: Es ist nicht recht, dass du sie hast. Und er hätte ihn gern getötet, fürchtete sich aber vor dem Volk; denn sie hielten ihn für einen Propheten. Als aber Herodes seinen Geburtstag beging, da tanzte die Tochter der Herodias vor ihnen. Das gefiel dem Herodes gut. Darum versprach er ihr mit einem Eid, er wolle ihr geben, was sie fordern würde. Und wie sie zuvor von ihrer Mutter angestiftet war, sprach sie: ›Gib mir hier auf einer Schale das Haupt Johannes des Täufers!‹ Und der König wurde traurig; doch wegen des Eides und derer, die mit ihm zu Tisch saßen, befahl er, es ihr zu geben, und schickte hin und ließ Johannes im Gefängnis enthaupten. Und sein Haupt wurde hereingetragen auf einer Schale und dem Mädchen gegeben; und sie brachte es ihrer Mutter.«

Der Sieg der Römer hätte das Ende der Geschichte von den jüdischen Hoffnungsträgern Johannes und Jesus bedeuten können. Doch die Geschichte wurde nicht nur im Falle des Täufers zugunsten der Römer umgeschrieben, wie sich anhand des Neuen Testaments nachweisen lässt. Liest man die biblischen Texte über Jesu Wirken und Tod, tritt eine Umdeutung deutlich zutage. Aus dem Hoffnungsträger für die Juden wird ein Opfer der Juden.

Im Neuen Testament tauchen immer wieder Beschreibungen von Jesu Wundertaten auf. Für die gläubigen Zeitgenossen konnte dies als Hinweis auf das Ende der Römerherrschaft gesehen werden. Die Wunder Jesu wurden als Zeichen der nahenden Endzeit gedeutet, in der die ungläubigen Römer vernichtet werden würden. Doch immer wieder werden die Heilungen Jesu zum Wohle der Menschen mit dem mosaischen Gebot der Heiligung des Feiertags in Verbindung gebracht. Angeblich empörten sich die jüdischen Schriftgelehrten über Jesu Verstoß gegen göttliches Gesetz. Das Evangelium nach Markus (Kapitel 8, Verse 22–26) überliefert eine der vielen Wundertaten Jesu: die Heilung eines Blinden. Das Evangelium nach Johannes (Kapitel 9, Verse 1–41) schildert das gleiche Ereignis ebenfalls, nur sehr viel ausführlicher. Und bei Johannes taucht ein Vorwurf auf, der bei Markus fehlt: Jesus hat gegen das »Sabbatgebot« verstoßen, indem er am Feiertag heilte, an dem jede Arbeit untersagt war. Am Teich von Bethesda soll Jesus nach Johannes wiederum am Sabbat geheilt haben: Ein Lahmer konnte wieder gehen. Verstieß Jesus auch hier gegen die angeordnete Sabbatruhe?

Prof. Pinchas Lapide weist in seinem Buch »Er predigte in ihren Synagogen« (Gütersloh 1980, S. 63) darauf hin, dass in der Praxis des Alltagslebens sehr wohl Ausnahmen geregelt waren: Die Sabbatruhe durfte »gebrochen« werden, wenn es um Beistand für Kranke ging. Kranken durfte geholfen werden, auch wenn keine Lebensgefahr bestand. Linderung von Zahnschmerz am Sabbat ist zum Beispiel statthaft und nicht verboten. Nach jüdischem Verständnis versündigte sich Jesus also nicht, wenn er Kranken am Sabbat half. Und doch wird ihm dieser Vorwurf angeblich gemacht. Im Evangelium nach Johannes etwa (Kapitel 9, Vers 16) heißt es: »Da sprachen etliche Pharisäer: Dieser Mensch ist nicht von Gott, weil er den Sabbat nicht hält. Die anderen aber sprachen: Wie kann ein sündiger Mensch solche Zeichen tun? Und es ward eine Zwietracht unter ihnen.«

Immer wieder wird der Vorwurf des Verstoßes gegen die heilige Sabbatruhe erhoben. Im Evangelium nach Matthäus geht es um einen scheinbar harmlosen Vorgang (Kapitel 12,

Verse 1 und 2): »Zu der Zeit ging Jesus durch ein Kornfeld am Sabbat; und seine Jünger waren hungrig und fingen an, Ähren auszuraufen und zu essen. Als das die Pharisäer sahen, sprachen sie zu ihm: Siehe, deine Jünger tun, was am Sabbat nicht erlaubt ist.«

Schließlich scheinen sich die Pharisäer förmlich auf die Lauer gelegt zu haben, um Jesus bei einer Übertretung des Feiertagsgebots zu ertappen. Offensichtlich suchten sie nach Beweisen gegen Jesus. Das Evangelium nach Markus bringt es auf den Punkt (Kapitel 3, Verse 1–6): »Und er (Jesus) ging abermals in die Synagoge. Und es war dort ein Mensch, der hatte eine verdorrte Hand. Und sie lauerten darauf, ob er auch am Sabbat ihn heilen würde, damit sie ihn verklagen könnten. Und er sprach zu dem Menschen mit der verdorrten Hand: Tritt hervor! Und er sprach zu ihnen: Soll man am Sabbat Gutes tun oder Böses tun, Leben erhalten oder töten? Sie aber schwiegen still. Und er sah sie ringsum an mit Zorn und war betrübt über ihr verstocktes Herz und sprach zu dem Menschen: ›Strecke deine Hand aus!‹ Und er streckte sie aus; und seine Hand wurde gesund. Und die Pharisäer gingen hinaus und hielten alsbald Rat über ihn mit den Anhängern des Herodes, wie sie ihn umbrächten.«

In aller Deutlichkeit wird gesagt: Die Pharisäer suchten nach einer Möglichkeit, Jesus zu töten.

Verurteilung der Juden, Freispruch für die Römer

Es sind nicht die Römer, die Jesus als Aufständischen verhaften wollen. Es sind die Juden, welche die Römer zum Werkzeug ihres Hasses gegen Jesus machen. Judas verrät Jesus. Kaum hat man ihn gefangengenommen, bringt man ihn keineswegs zur römischen Obrigkeit. Wohin schleppt man den Gefangenen, der keinerlei Widerstand leistet? »Zum Hohepriester!«, antworten die Evangelien nach Markus (Kapitel 14, Vers 53), Matthäus (Kapitel 26, Vers 57) und Lukas (Kapitel 22, Vers 54).

Nur Matthäus nennt den Inhaber dieses hoch angesehenen jüdischen Amtes beim Namen: Kaiphas. Im Widerspruch dazu steht das Evangelium nach Johannes. Dort (Kapitel 18, Vers 13) lässt man Jesus zunächst zum früheren Hohepriester, zu Hannas, bringen. Wieso zum Vorgänger des Amtsinhabers? Das erscheint mehr als unlogisch. Hannas war von den Römern bereits 15 n. Chr. abgesetzt worden. Rund zwanzig Jahre später hatte er kein wichtiges Amt mehr inne. Aber offenbar ging es nicht um historische Korrektheit, sondern um Schuldzuweisung an die Juden.

Die Pharisäer wollten Jesu Tod. Die Juden waren es, die ihm den Prozess machten. Markus und Matthäus vermelden übereinstimmend, dass Jesus gleich zweimal vor den »Hohen Rat« geschafft wurde. Das erste Mal soll das unmittelbar nach Jesu Verhaftung in der Nacht erfolgt sein. Auch in diesem Detail stimmen die Evangelien nach Markus (Kapitel 14, Vers 53) und Matthäus (Kapitel 26, Vers 57) überein. Schnell sollte die Todesstrafe verhängt werden. Deshalb wartete zu nächtlicher Stunde bereits »der ganze Hohe Rat« auf Jesus, wie Markus (Kapitel 14, Vers 55) und Matthäus (Kapitel 26, Vers 59) behaupten.

Schließlich versammelte sich der gesamte »Hohe Rat« erneut, wie die Evangelien nach Markus (Kapitel 15, Vers 1) und Matthäus (Kapitel 27, Vers 1) behaupten. Davon will der Verfasser des nach Lukas benannten Evangeliums allerdings nichts wissen: Es gab keine zweite Versammlung, sondern nur eine, und zwar (Kapitel 22, Vers 66) »als es Tag geworden war«.

Falsch, wendet Johannes ein. Seine Schilderung (Kapitel 18, Verse 12–29) ist noch am realistischsten: Es hat überhaupt keine Verhandlung gegen Jesus vor dem »Hohen Rat« gegeben, sondern lediglich ein hastiges Verhör von Jesus durch Hannas. Der reichte den Delinquenten an Kaiphas weiter, der ihn wiederum an Pilatus weitergab. Über einen wie auch immer gearteten Prozess unter jüdischer Federführung weiß das nach Johannes benannte Evangelium nichts. Und Johannes bringt endlich die Römer ins Spiel, bei denen die Gerichtsbarkeit auch tatsächlich lag.

Ein blutiges, unwürdiges Geschacher um Jesus beginnt. Dabei werden die mächtigen Römer – besonders im Vergleich mit den Juden – in äußerst positivem Licht gezeichnet. Den Evangelien zufolge tritt der römische Statthalter Pontius Pilatus der jüdischen Priesterschaft geradezu als ein Freund Jesu gegenüber. Höchst einfühlsam befragt Pilatus bei Lukas (Kapitel 23, Vers 4) den verhafteten Jesus, um schließlich festzustellen: »Ich finde keine Schuld an diesem Menschen!«

Er vermag keinen Grund für eine Hinrichtung Jesu zu erkennen und steht offenbar kurz davor, Jesus freizulassen (Evangelium nach Johannes, Kapitel 19, Vers 10). Jesus wird an Herodes weitergereicht, der zum Ärger der Schriftgelehrten Jesus ebenfalls nicht kreuzigen lassen will. Also kommt Jesus wieder vor Pilatus.

Die Schriftgelehrten wechseln die Taktik. Jesus sei ein gefährlicher Aufwiegler, der das Volk gegen die römische Vormacht aufbringen wolle. Dieser Vorwurf der Rebellion gegen Rom wäre in der Tat mit der Kreuzigung zu ahnden gewesen. Pilatus aber stellt fest (Evangelium nach Lukas Kapitel 23, Vers 14): »Ihr habt diesen Menschen zu mir gebracht als einen, der das Volk abwendig mache; und siehe, ich habe ihn verhört und finde an dem Menschen der Sachen keine, deren ihr ihn beschuldigt.«

Der Hass der jüdischen Priester und Schriftgelehrten ist offensichtlich grenzenlos. Nach wie vor scheint Pilatus auf der Seite Jesu zu stehen. Ob es ihm gelingt, Mitleid für Jesus zu erregen? Er lässt ihn auf grausamste Weise geißeln. Und er bietet dem Volk eine Chance, Jesus nun doch zu retten: Pilatus bietet die Freigabe eines Gefangenen an. Das Volk soll entscheiden, wer freigelassen werden soll: Jesus oder Barabbas, »ein berüchtigter Gefangener«. Doch die bei Matthäus (Kapitel 27, Verse 15 und 16) beschriebene Amnestie ist nicht historisch. Den angeblichen Brauch, dem Volk »einen Gefangenen loszugeben, welchen sie wollten«, hat es nie gegeben.

Die Absicht der biblischen Texte ist unverkennbar: Nicht nur allein die Priesterschaft soll am Tode Jesu schuld sein, sondern das gesamte jüdische Volk (Evangelium nach Matthäus, Kapitel 27, Verse 24–26): »Als aber Pilatus sah, dass er nichts ausrichtete, sondern das Getümmel immer größer wurde, nahm er Wasser und wusch sich die Hände vor dem Volk und sprach: ›Ich bin unschuldig an seinem Blut; seht ihr zu!‹ Da antwortete das ganze Volk und sprach: ›Sein Blut komme über uns und unsere Kinder!‹ Da gab er ihnen Barabbas los, aber Jesus ließ er geißeln und überantwortete ihn, dass er gekreuzigt werde.«

Aus dem Hoffnungsträger der Juden, der sie zum Sieg über die verhassten Römer führen sollte, wurde das Opfer der Juden. Aus dem königlichen Messias, den die Römer als gefährlichen Revolutionär fürchteten, wurde der Todeskandidat, den selbst Pilatus nicht mehr retten konnte. Ausdrücklich heißt es, dass Pilatus Jesus den Juden überantwortete, damit er »gekreuzigt werde«.

Vielleicht wären Johannes der Täufer und Jesus nach der

Niederlage der letzten aufständischen Juden in Vergessenheit geraten. Texte, in denen ein aufständischer Jesus gegen die römische Obrigkeit wetterte, wären von den Römern nicht geduldet worden. Das Christentum hätte von Anfang an keine Chance gehabt, von einer kleinen jüdischen Sekte um einen gekreuzigten Juden zur Weltreligion zu werden. Mit den Juden als den eigentlich Schuldigen am Tod Jesu war das Christentum auch für die Römer akzeptabel. Und angesichts dieser Schuldzuweisung ist es nur konsequent, dass das junge Christentum seine jüdischen Wurzeln kappte.

Jesus hatte große Zustimmung erhalten, weil man sich von ihm die Befreiung von den Römern erhoffte. Für Paulus war eine andere Unfreiheit beklagenswert: die Abhängigkeit vom Judentum! War für den Juden Jesus die Beschneidung eine Selbstverständlichkeit, so lehnte Paulus den von Moses geforderten Ritus ab (Brief an die Galater, Kapitel 5, Vers 2): »Siehe, ich, Paulus, sage euch: Wenn ihr euch beschneiden lasset, so wird euch Christus nichts nützen.«

Für Jesus war die Grundlage des Glaubens das mosaische Gesetzeswerk, das Gott Jahwe seinem Volk durch Moses überreicht hatte. Als göttliches Gebot musste es buchstabengetreu befolgt werden. Für Jesus wäre jede Kritik am umfangreichen Gesetzeswerk gotteslästerlich gewesen. Paulus hingegen redet das mosaische Gesetz klein. Die biblischen Aussagen des Alten Testaments sind eindeutig: Gott höchstpersönlich traf auf dem heiligen Berg Sinai mit Moses zusammen. Im Widerspruch dazu behauptet Paulus, die jüdische Thora sei eben nicht direkt von Gott selbst entgegengenommen worden. Ja, stammt sie überhaupt von Gott? Paulus schreibt im Brief an die Galater (Kapitel 3, Vers 19): »Was soll nun das Gesetz? ... Und zwar ist es verordnet von Engeln durch die Hand eines Mittlers.«

Moses will auf dem Heiligen Berg das Gesetz von Gott direkt erhalten haben. Davon rückt Paulus ab. Er straft Moses Lügen, indem er erklärt, dass das mosaische Gesetz nicht von Gott, sondern von Engeln »verordnet« wurde und »durch die Hand eines Mittlers«. Paulus hat es ganz bewusst vermieden, Moses als eben diesen Mittler zu benennen.

Im folgenden Vers 20 heißt es dann: »Der Mittler aber ist nicht eines Einzigen Mittler.« Was soll damit ausgedrückt werden? Wirklich verständlich wird dieser Vers erst in der »Bibel in gerechter Sprache« (München 2006): »Der Mittler nun allerdings ist nicht der Mittler des Einen und Einzigen.« Wurde diese Aussage in unseren bisherigen Bibelausgaben bislang deshalb verklausuliert, um die sensationelle Behauptung zu vertuschen? Behauptet Paulus doch nichts anderes, als dass Moses eben nicht der Mittler Jahwes war? Ja, sind die Gesetze demnach gar nicht Gesetze Jahwes?

Paulus selbst allerdings, der Jesus nie kennengelernt hat, behauptet von seiner Lehre, sie sei göttlich und er habe sie von Jesus selbst empfangen: »durch eine Offenbarung«, wie er in seinem Brief an die Galater (Kapitel 1, Vers 12) schreibt. Gemeint ist damit sein Bekehrungserlebnis. Diese Begebenheit wird in der Apostelgeschichte widersprüchlich geschildert. Nach Apostelgeschichte 9 (Vers 7) hörten die Begleiter des Paulus eine Stimme, sahen aber niemanden. Nach Kapitel 22 (Verse 6–9) aber soll es gerade umgekehrt gewesen sein. Die Begleiter sahen das Licht, hörten aber nichts.

Nachdem Paulus die Grundlagen des jüdischen Glaubens so herabgewürdigt hat, verurteilt er sie in seinem Brief an die Galater (Kapitel 4, Vers 24) ganz offen. Er bezeichnet sie als das »Testament vom Berg Sinai, das zur Knechtschaft gebiert«. Mit anderen Worten: Nach Paulus führen die Gesetze

Moses' nicht in die Freiheit, sondern ganz im Gegenteil in Unfreiheit und Sklaverei.

Klipp und klar hatte Jesus gefordert, dass diese Gesetze buchstabengetreu zu befolgen waren. Ausdrücklich hatte sich Jesus zu den mosaischen Gesetzen bekannt (Evangelium nach Matthäus, Kapitel 5, Verse 17–19): »Ihr sollt nicht meinen, dass ich gekommen bin, das Gesetz oder die Propheten aufzulösen; ich bin nicht gekommen aufzulösen, sondern zu erfüllen. Denn wahrlich, ich sage euch: Bis Himmel und Erde vergehen, wird nicht vergehen der kleinste Buchstabe noch ein Tüpfelchen vom Gesetz, bis es alles geschieht. Wer nun eines von diesen kleinsten Geboten auflöst und lehrt die Leute so, der wird der Kleinste heißen im Himmelreich; wer es aber tut und lehrt, der wird groß heißen im Himmelreich.«

Paulus verfälschte Jesus

Paulus verkehrte diese Aussage Jesu ins Gegenteil. In seinem Brief an die Galater behauptet er (Kapitel 3, Verse 24 und 25): »So ist das Gesetz unser Zuchtmeister gewesen auf Christus, damit wir durch Glauben gerecht würden. Nun aber der Glaube gekommen ist, sind wir nicht mehr unter dem Zuchtmeister.« Nach Jesus sollte das mosaische Gesetz bis ans Ende der Zeiten gültig sein. Nach Paulus war es durch Christi Erscheinen aufgehoben. Damit war für ihn der Mensch nicht mehr an das mosaische Gesetz gebunden.

Diese neue Lehre, die Paulus verkündete und missionarisch verbreitete, konkurrierte zunächst noch mit der alten Lehre. Die alte Lehre von der Notwendigkeit der Einhaltung der mosaischen Gesetze wurde von missionierenden Konkurrenten des Paulus gelehrt. Über diese Missionare, die Jesus wesentlich näher standen als Paulus, konnte sich Paulus fürchterlich aufregen. Er wurde regelrecht ausfallend und bezeichnete sie als »Hunde«, als »falsche Lehrer«, vor denen man sich hüten müsse.

Paulus wurde nach Jesus zum eigentlichen Gründer unseres heutigen Christentums. Er löste die neue Religion von ihren jüdischen Wurzeln. Vergessen waren die Hoffnungen der Jünger Jesu auf die Erfüllung der Versprechen, die Gott einst dem Volk der Juden gegeben hatte. Vergessen war der Glaube an einen erneuerten Bund »mit dem Haus Israel und dem Haus Juda«, den Jahwe beim Propheten Jeremia (Kapitel 31, Vers 31) angekündigt hatte.

Paulus stieß dem jungen Christentum eine Tür weit auf: Aus einer missionarischen Sekte innerhalb des Judentums konnte so eine Weltreligion werden. Die neue paulinische Religion mochte zwar noch gelegentlich von »Israel« sprechen, doch das »Israel im Fleisch«, von dem Paulus gern fabulierte, war eben nicht mehr das alte, historische Israel, es war vielmehr die weltweite Gemeinde derer, die an Christus glaubten.

Die Theologie des Paulus ist einfach geworden und macht das komplizierte System der mosaischen Gesetze überflüssig. Paulus wiederholt nicht Lehren, die Jesus gepredigt hat. Er lehrt Jesus als den Inhalt des Glaubens: Jesus ist als Messias für alle Menschen gestorben. Wer daran glaubt, gehört zur Gruppe der Erlösten. Diese Einfachheit der Lehre hat dem Christentum à la Paulus zum Sieg verholfen.

Das paulinische Christentum war für jedermann leicht nachzuvollziehen, und es war für jede staatliche Autorität mehr als nur akzeptabel. Geht doch vom paulinischen Glauben keine Gefahr mehr für die staatliche Obrigkeit aus. Im Gegenteil: Jede staatliche Macht ist von Gott gewollt.

In seinem Brief an die Römer fordert Paulus zum Untertanentum auf. Denn wer wagt es schon, staatliche Autorität auch nur anzuzweifeln, wenn doch jede Autorität von Gott gewollt ist? Paulus lehrt: Wer Gewalt über Menschen ausübt, der tut dies mit göttlicher Autorität. Widerstand gegen Obrigkeit ist dann Aufbegehren gegen Gott selbst. Paulus gibt konkrete Anweisungen, die jeden Diktator begeistern müssen. In der Übersetzung nach Luther von 1984 (Brief an die Römer, Kapitel 13, Verse 1–7) liest sich das so: »Jedermann sei untertan der Obrigkeit, die Gewalt über ihn hat. Denn es ist keine Obrigkeit außer von Gott; wo aber Obrigkeit ist, die ist von Gott angeordnet. Wer sich nun der Obrigkeit widersetzt, der widerstrebt der Anordnung Gottes; die ihr aber widerstreben, ziehen sich selbst das Urteil zu. Denn vor denen, die Gewalt haben, muss man sich nicht fürchten wegen guter, sondern wegen böser Werke. Willst du dich aber nicht fürchten vor der Obrigkeit, so tue Gutes; so wirst du Lob von ihr erhalten. Sie ist Gottes Dienerin, dir zugut. Tust du aber Böses, so fürchte dich; denn sie trägt das Schwert nicht umsonst: Sie ist Gottes Dienerin und vollzieht das Strafgericht an dem, der Böses tut. Darum ist es notwendig, sich unterzuordnen, nicht allein um der Strafe, sondern auch um des Gewissens willen. Deshalb zahlt ihr ja auch Steuer; denn sie sind Gottes Diener, auf diesen Dienst beständig bedacht. So gebt nun jedem, was ihr schuldig seid: Steuer, dem die Steuer gebührt; Zoll, dem der Zoll gebührt; Furcht, dem die Furcht gebührt; Ehre, dem die Ehre gebührt.«

Die »Bibel in gerechter Sprache« von 2006 ersetzt in erster Linie den antiquierten Ausdruck »Obrigkeit« durch gefälligere Formulierungen: »Jeder Mensch soll sich den Gewalten unterordnen, die an der Macht sind. Denn es gibt keine Macht außer von Gott. Die bestehende ist von Gott eingesetzt. Wer sich gegen die Macht stellt, widersetzt sich deshalb der Anordnung Gottes. Die, die Widerstand leisten, müssen damit rechnen, verurteilt zu werden. Die Herrschenden sind ein Schrecken – nicht für die gute Tat, aber für die böse. Wenn du nicht in Furcht vor der staatlichen Macht leben willst, dann tue das Gute. So wirst du sogar Anerkennung von ihr erhalten. Dienerin Gottes ist sie, dir zum Guten. Wenn du aber Böses tust, fürchte sie! Nicht umsonst trägt sie das Schwert. Denn die Dienerin Gottes ist sie, gerechten Zorn richtet sie auf die, die Böses tun.«

Gott ist mit den Mächtigen – von der Sekte zur Weltreligion

Kaiser Konstantin der Große (um 285–337 n. Chr.) war aus heutiger Sicht ein brutaler Machtpolitiker. Ihm muss die paulinische Lehre vom göttlichen Ursprung jeder Staatsgewalt sehr zugesagt haben. Nichts schützt einen Herrscher so gut vor potenziellen Umstürzlern wie die Behauptung, Widerstand gegen den Herrscher sei Aufbegehren gegen Gott.

Christliche Begriffe wie Nächsten- oder gar Feindesliebe waren Kaiser Konstantin eher fremd. Konstantin, laut Voltaire »ein politisch nicht unbegabter Krimineller«, schreckte vor keinem Verbrechen zurück, um seine Ziele zu erreichen. Oberste Priorität hatten Machtaufbau und Machterhalt. Seine Bluttaten erinnern durchaus an die des grausamen Herodes. So ließ Konstantin seinen Schwiegervater, Kaiser Maximianus, erhängen. Sein Schwager Licinius wurde auf kaiserlichen Befehl erwürgt. Dessen Sohn wurde entehrt, zum Sklaven degradiert und erschlagen. Weil Konstantin Crispius, seinen Sohn aus erster Ehe, und seine eigene Frau

Fausta für ein heimliches Liebespaar hielt, mussten beide sterben.

Dennoch soll sich Kaiser Konstantin selbst als »13. Apostel« gesehen haben. In der orthodoxen Kirche wird er bis heute als »Apostelgleicher« verehrt. Vermutlich hätte die katholische Kirche den Machtpolitiker gern als Heiligen anerkannt. Eine solche offizielle Ehrung musste Konstantin aber vorenthalten werden, war er doch auf dem Sterbebett von Eusebius von Nikomedia getauft worden. Der aber gilt bis heute als Ketzer.

Inwieweit Konstantin nach heutigem Verständnis wirklich Christ war, bleibt unklar. Vermutlich war er noch sehr stark vom alten Heidentum geprägt. Anders als sein Vater sah er jedoch Christus und nicht mehr den Sonnengott als seinen persönlichen himmlischen Schutz an. Was die Religionsausübung anbelangt, war der Kaiser offenbar nicht besonders konsequent. Im überwiegend christlichen Osten präsentierte er sich, nachdem er es zum Alleinherrscher gebracht hatte, als Christ. Im Westen hingegen, wo nach wie vor heidnische Kulte überwogen, verzichtete er bewusst auf Konfrontation.

324 n. Chr. besiegte Konstantin seinen Mitkaiser Licinius. Obwohl er zuvor geschworen hatte, dessen Leben zu schonen, wurde sein Rivale 325 n. Chr. hingerichtet. Somit war Konstantin alleiniger Herrscher des Römischen Reiches. Wurde er aber zum Christen? Zweifel sind angebracht, wie christlich der Kaiser dachte. Auf der berühmten Synode von Nizäa anno 325 trat er im Sonnenkleid der heidnischen Mithras-Religion auf. Begeistert feierten ihn die Bischöfe, überschlugen sich in Lobpreisungen: »Wie Helios (göttliche Sonne) seine Strahlen über die Erde sendet, so der Kaiser die Lichtstrahlen seines edlen Wesens. Im Dunkel und finsterer

Haft hat Gott ein großes Licht aufleuchten lassen in seinem Diener Konstantin.« Daher vermutet Prof. Hubertus Mynarek alles andere als christliche Motive für des Kaisers Förderung des Christentums. Prof. Mynarek erklärte: »Sein Reich war gespalten, er besaß ja nur noch West-Rom, das heißt den westlichen Teil Europas, und auch in diesem Reich gab es Erschütterungen, und es drohte zu zerfallen. Da erkannte er diese christliche Bewegung und sagte sich: Damit kann ich meine Macht zementieren. Und er kam auf die Idee: Wenn ich diesen Bischöfen ... Geld, Privilegien, Häuser, Paläste und Vorrechte gebe, dann werden sie mir aus der Hand fressen.«

Kaiser Konstantin schrieb ohne Zweifel eines der wichtigsten Kapitel in der Geschichte von Gott. Mit seinem berühmten »Toleranzedikt von Mailand« von 313 n. Chr. räumte er den Christen zunächst das Recht auf freie Religionsausübung ein. Großzügig entschädigte er die junge Kirche für erlittenes Unrecht. Noch wurden aber andere Religionen neben dem Christentum geduldet, noch war die junge Religion erst eine von vielen. Doch der Einfluss des Christentums wuchs zusehends. 391 n. Chr. schließlich vollendete Kaiser Theodosius das, was Konstantin begonnen hatte: Das Christentum wurde zur Staatsreligion ernannt. Die Ausübung heidnischer Kulte wurde untersagt.

Vom Unterdrückten zum Unterdrücker

So war aus einer kleinen, ursprünglich verfolgten jüdischen Sekte eine Staatsreligion geworden. Aus den Unterdrückten wurden selbst Unterdrücker. Schon die Urgemeinde des frühen Christentums war bemüht, vermeintlich verfälschende

Irrlehren zu bekämpfen. Was aber zunächst eine kircheninterne Angelegenheit war, wurde unter Kaiser Theodosius I. Staatsangelegenheit. Im Jahr 380 n.Chr. erließ der Kaiser ein Edikt, das »Irrlehrer« mit der Todesstrafe bedrohte. 385 wurde Priscillian von Avila (geboren um 340 n.Chr.) als erster »Ketzer« ermordet.

Je mächtiger die Kirche wurde, desto verhasster wurde ihr Priscillian. Forderte er doch persönliche Frömmigkeit und Askese von Laien wie Priestern. Außerdem untersagte er Wein- und Fleischgenuss. Sklaverei sei, so Priscillian, von Jesus selbst abgeschafft worden. Und Jesus habe Mann und Frau gleichberechtigt behandelt, also müssten in einer christlichen Kirche Männer und Frauen gleichgestellt werden. Man kann sich dem Eindruck nicht entziehen, dass eine immer reicher und weltlicher werdende Organisation Kirche gerade jene Gläubigen als Ketzer verfolgte, die eine Rückkehr zu den Uridealen des Christentums versuchten.

Und als Mensch des beginnenden dritten Jahrtausends kann man nur entsetzt sein, mit welcher sadistischen Grausamkeit die Inquisition der Kirche gegen jeden vorging, der von der offiziellen Lehrmeinung abwich. Um 1100 sah sich die Kirche in ihrer Position als Vertreter der einzig gültigen Wahrheit gefährdet. Abweichler wurden mit wachsender Brutalität verfolgt. Ihr Schrifttum wurde systematisch vernichtet, so dass über viele christliche Strömungen kaum noch etwas bekannt ist. Häufig sind nur noch die Hasstiraden der offiziellen Kirche gegen die »Ketzer« erhalten geblieben.

Thomas von Aquin (etwa 1225–1274), von der katholischen Kirche als Heiliger verehrter Theologe und Philosoph, billigte dem Menschen die Freiheit der Entscheidung für den christlichen Glauben zu: »Die Annahme des Glaubens ist freiwillig, den angenommenen Glauben beizubehalten notwendig!« Wer sich einmal dem Christentum zugewendet hatte, musste auch dabei bleiben. Wer Meinungen verkündete, die den Lehren der katholischen Kirche widersprachen, war ein Ketzer. Thomas von Aquin forderte für dieses »Vergehen« Exkommunikation und Todesstrafe. 1231 rief Papst Gregor IX. eine ständige Kommission ins Leben, die Ketzereien bekämpfen sollte. Kirchenabtrünnige mussten mit einer lebenslangen Haft rechnen. 1235 nahm die Inquisition offiziell ihre Arbeit auf. Die Dominikaner wurden damit beauftragt, jeden »Irrglauben« zu bekämpfen. Kirchliche und weltliche Macht kooperierten bestens miteinander. Die geistlichen Herren stellten durch »Befragung« (inklusive grausamster Folterungen) fest, ob Ketzerei vorlag. Nach dem Schuldspruch wurde der Ketzer der »weltlichen Macht« übergeben. Der weltliche Arm möge doch gnädig mit dem Ketzer umgehen und »Leben und Glieder« der Verirrten schonen. Was für eine infame Heuchelei: Wurde aber nicht umgehend das Todesurteil vollstreckt, wurden die zu milden weltlichen Verantwortlichen exkommuniziert. Der Besitz des hingerichteten Ketzers wurde von der Kirche beschlagnahmt.

Die Bogomilen (»die, die Gott liebt«) und die Katharer (»die Reinen«) zum Beispiel lehnten zentrale Lehrmeinungen der katholischen Kirche als Irrlehren ab.

Wie kann es das Böse auf Erden geben, wenn Gott allmächtig und gut ist? Um das Wissen um das Böse mit einem ausschließlich guten Gott in Einklang zu bringen, erdachten Theologen wie die Bogomilen heute teilweise bizarr wirkende Gedankenkonstruktionen. Die Mönche der Bogomilen (10.–15. Jahrhundert) predigten einen allmächtigen Gott, der über menschlichen Begriffen wie gut und böse steht. Dieser allmächtige Gott, Schöpfer alles Existierenden, hat zwei

Söhne, nämlich Christus und Satan. Christus hätte gleich bei seinem ersten Erscheinen auf Erden die Macht des Bösen besiegt. Gott aber wollte dem Bösen eine Chance einräumen, sich wieder des Guten zu besinnen und dereinst, dann vereint mit Christus, ein himmlisches Gottesreich auf Erden zu errichten.

Satan als Widersacher Christi, das war ja gängige Kirchenlehre – aber Satan und Christus als Söhne Gottes? Als Satan identifizierten die Bogomilen den Gott des Alten Testaments, Jahwe. Katholische Kirche und weltliche Obrigkeit verabscheuten sie als Knechte des bösen Gottes. Jeder einzelne Mensch stand in dieser Situation vor der persönlichen Entscheidung für Christus oder für Satan. Jeder einzelne Mensch kann nach dieser Theologie seinen Beitrag dazu leisten, dass ein gutes, gerechtes Gottesreich entsteht – durch Widerstand gegen kirchliche und weltliche Obrigkeit. Jeder Mensch sollte sein Land für sich selbst bestellen, ohne irgendwelcher Obrigkeit Abgaben leisten zu müssen. Die Botschaften der Bogomilen-Prediger kamen bei den Ärmsten der Armen an. Für theologische Spitzfindigkeiten hatten sie kein Interesse. Die Botschaft aber, dass kirchliche wie weltliche Obrigkeit vom wahren Christen abzulehnen seien, fiel auf fruchtbaren Boden.

Die Katharer (»die Reinen«) verstanden sich selbst als die »wahre Kirche«. Das Alte Testament lehnten sie ab, da es ihrer Meinung nach den teuflischen Gott einer höllischen Welt verherrlichte. Alleinige Basis des Glaubens war für sie das Neue Testament, wobei das Evangelium nach Johannes eine herausragende Rolle spielte. Wie die Bogomilen hatten die Katharer (11.–14. Jahrhundert) vermutlich einen erheblichen Einfluss auf das Leben in Europa.

Für das Priesteramt der Katharer waren Männer wie

Frauen zugelassen. Sie zogen predigend durch die Lande – und das in der jeweiligen Volkssprache, während die Priester der römisch-katholischen Kirche im Gottesdienst lateinisch an der breiten Bevölkerung vorbeiredeten.

Die amtliche Kirche sah die Verquickung zwischen Staat und Kirche. Jede Regierung, jede staatliche Autorität bezieht ihre Legitimation von Gott. So stützen sich Kirche und Staat gegenseitig. Die Kirche fordert den Gehorsam Staat und Kirche gegenüber, der Staat fördert die Kirche und stabilisiert sich damit selbst. Aber wie konnte die christliche Kirche, die Nächsten- und Feindesliebe als höchstes göttliches Gebot lehrte, gleichzeitig religiös andersdenkende Glaubensbrüder so grausam verfolgen, peinigen und ermorden?

Sie berief sich unter anderem auf Apostel Paulus, der in seinem ersten Brief an Timotheus (Kapitel 1, Vers 20) hartes Vorgehen gegen Andersdenkende empfahl, »damit sie in Zucht genommen werden und nicht mehr lästern«. Wortwörtlich befolgte man ein Jesuswort über den Umgang mit Abtrünnigen (Evangelium nach Johannes, Kapitel 15, Verse 5 und 6): »Ich bin der Weinstock, ihr seid die Reben. Wer in mir bleibt und ich in ihm, der bringt viel Frucht; denn ohne mich könnt ihr nichts tun. Wer nicht in mir bleibt, der wird weggeworfen wie eine Rebe und verdorrt, und man sammelt sie und wirft sie ins Feuer und sie müssen brennen.« Was im übertragenen Sinne gemeint war, setzte die Kirche über Jahrhunderte hinweg direkt in die Praxis um: »Ketzer« wie »Hexen« wurden verbrannt.

Theologisch begründete man die Gewalt gegen »Ketzer« mit Augustinus von Hippo (354–430). Der hatte es als Akt der christlichen Nächstenliebe bezeichnet, einem Abtrünnigen den rechten Weg zu zeigen. Und wenn der diesen partout nicht gehen wolle, dann waren auch Zwangsmittel erlaubt. So wie ein guter Hirte das verirrte Schaf notfalls mit Stock und Knüppel in die Herde zurücktreibt, so versucht der Folterknecht nach Augustinus den Ketzer wieder in den Schoß der Kirche zu zwingen. Folter sei dabei natürlich legitim, weil ja nur das sündige Fleisch geschädigt, die Seele aber womöglich gerettet werde. Augustinus sah die Ketzer als schlimmste Verbrecher an, weil sie seiner Meinung nach die Menschen in die ewige Verdammnis führen: »Die Ketzer töten die Seelen der Menschen, während die Obrigkeit nur ihre Leiber der Folter unterwirft; sie rufen ewigen Tod hervor, aber beklagen sich dann, wenn die Behörden sie dem zeitlichen Tod überantworten.« Allerdings hatte Augustinus an anderer Stelle genau das Gegenteil gefordert. Gewiss, so hatte er geurteilt, Ketzer müssten eigentlich als schlimmste Verbrecher hart bestraft werden. Doch dann besinnt sich Augustinus der christlichen Nächstenliebe: »Wir möchten sie verbessert haben, nicht getötet; wir wünschen uns den Triumph der Kirchenzucht, nicht den Tod, den sie verdienen.«

Beim Volk beliebt wurden die Katharer vielleicht dadurch, dass sie bei Gefahr für Leib und Leben standhaft blieben. Überzeugt haben sie gewiss auch durch ihre konsequente Wahrhaftigkeit. Sie priesen Armut, Bescheidenheit und Enthaltsamkeit als erstrebenswerte Ideale, nach denen sie auch selbst lebten. Die offizielle Kirche hingegen wirkte wegen des oft alles andere als christlichen Lebenswandels ihrer niederen und hohen Geistlichkeit unglaubwürdig.

Johannes der Täufer hat gegen den Sittenverfall bei den Römern gewettert und wurde dafür geköpft. Rund 1500 Jahre später stand die höhere Geistlichkeit der katholischen Kirche den »heidnischen« in Sachen Unmoral in nichts nach. Die Herren der Kirche waren mächtig und nutzten ihre Stellung, um möglichst viel Geld zu scheffeln. Papst Sixtus IV. bestieg den Stuhl Petri anno 1471. Priester, die sich Geliebte halten wollten, mussten eine spezielle Steuer an den Heiligen Vater zahlen. Wer ein Bordell eröffnen wollte, musste sich beim Papst eine Lizenz erwerben. Das brachte Sixtus IV. jährlich ein Vermögen von 30000 Dukaten ein. Sein Nachfolger, Papst Alexander VI., war ein exzessiver Trinker, zeugte mindestens zehn Kinder und wechselte ständig seine jungen Geliebten. Für Frauen interessierte sich Leo X., Luthers Gegner, weniger. Er führte ein exzessives Leben mit ausschweifenden Gelagen, die Unsummen kosteten. Seine Orgien hätten manchen heidnischen Römer eineinhalb Jahrtausende früher vor Neid erblassen lassen.

Millionen brachte dem Papst der Verkauf von Kirchenämtern ein, doch zu wenig zur Deckung der immensen Kosten. Leo X. beschloss, eine alte Einnahmequelle so richtig zum Sprudeln zu bringen: den Ablass. Nach katholischer Lehre fand der Gläubige Erlösung von seinen Sünden durch die kirchliche Beichte. Allerdings sammelten sich die sogenannten »Sündenstrafen« an, die nach dem Tode im Fegefeuer leidend abgearbeitet werden müssen. Erst dann tut sich jedem so Geläuterten das himmlische Tor auf. Verkürzen könne man, so predigte die katholische Kirche, die Tortur im Fegefeuer durch aktive Nächstenliebe und mit klingender Münze an die Kirche.

Papst Leo verwandelte diese Einnahmequelle, die schon einige Jahrhunderte meist eher müde plätscherte, in einen reißenden Strom, der Unsummen in die Schatullen der Kirche spülte. Besonders erfolgreich als Geldeintreiber war Johann Tetzel. In flammenden Reden konnte der begabte Prediger den Menschen entsetzliche Angst vor zu erwartenden Qualen im Fegefeuer machen. Es gab feste Preise für den

Nachlass von sieben Jahren Fegefeuer, gestaffelt nach sozialem Stand des Sünders. Fürsten mussten 25 Gulden berappen, Barone zehn, bessere Bürger sechs, einfache Bürger nur einen Gulden. Man konnte mit klingender Münze Fegefeuerstrafen für bereits begangene Verbrechen verkürzen. Man konnte sich aber auch schon im Voraus für künftige Untaten freikaufen, und mitfühlende Menschen konnten bereits verstorbenen Verwandten helfen, die schon im Fegefeuer schmorten. Je mehr man für sie zahlte, desto schneller durften sie ins Himmelreich eintreten.

Offiziell sollte der Ablasshandel einem »guten Werk« dienen: der weiteren Finanzierung des Baus des Petersdoms. Tatsächlich aber kassierte der Erzbischof von Mainz die Hälfte der gewaltigen Einnahmen ab. Und der brauchte wirklich dringend Geld, schuldete er doch seiner Heiligkeit große Summen für die gekauften Bischofsämter.

Luthers halbherzige Reformation

Martin Luther (1483–1546), 1507 zum Priester geweiht, begann 1512 in Wittenberg seine Lehrtätigkeit als Professor der Theologie. Besonders intensiv beschäftigte er sich mit der Frage, wie denn der Mensch selig werden kann. Luther berief sich auf Paulus. Der Mensch ist sündig, durch die Gnade Gottes aber erhält er das ewige Leben (Brief des Paulus an die Römer, Kapitel 6, Vers 23). Demnach, so Luther, kommt der Mensch nur dank der Gnade Gottes in den Himmel. Seine Werke helfen ihm dabei nicht. Luther sagt dazu: »Denn wenn das Gesetz aus unseren Kräften heraus erfüllt werden kann, dann ist die Gnade nicht nötig.«

Luther postuliert: Gute Werke bringen den Menschen nicht

in den Himmel, er gelangt nur durch die Gnade Gottes dorthin. Durch den Kreuzestod Jesu als Akt der Gnade findet der Mensch Erlösung. Und deshalb kann kein Mensch durch Ablasszahlungen seinen Weg ins Himmelreich ebnen. Luther schreibt in seinem »Sendbrief an eine christliche Gemeinde der Stadt Esslingen«: »Und wenn unsere Werke so viel vermöchten, dass sie einer einzigen Sünde Erlösung und Vergebung erwürben, so könnten sie auch zweier, dreier, zehner, ja zuletzt aller Sünden Vergebung erlangen. Können sie aber nicht aller Sünden Vergebung verdienen, so können sie auch nicht von einer Sünde erlösen. Wenn wir aber Sünde mit Werken tilgen und Gnade erlangen können, dann ist Christi Blut unnötig und grundlos vergossen, dann ist falsch, was St. Paulus sagt: Es werden die Sünden ohne Verdienst, frei aus Gnaden durch Christi Blut jedermann vergeben, der das glaubt.«

Der Vorwurf gegen die römisch-katholischen »Sautheologen« (wie sie Luther nennt) ist in seinen eigenen Augen ungeheuerlich: Sie reden den Menschen ein, dass sie durch »Werke« (Geldzahlungen an den Papst) Schuld abtragen und zur Erlösung kommen können. Wenn der Mensch aber durch Werke selig werden kann, dann war der Tod Jesu überflüssig. Luther beruft sich dabei auf Paulus, zum Beispiel auf seinen Brief an die Römer (Kapitel 3, Verse 22–24): »Denn es ist hier kein Unterschied: sie sind allemal Sünder … und werden ohne Verdienst gerecht aus seiner Gnade durch die Erlösung, die durch Christus Jesus geschehen ist.« Ablasszahlungen sind also wie alle »Werke« wertlos. Luther verschweigt allerdings, dass Paulus auch genau das Gegenteil behauptet, nämlich dass jene ewiges Leben gewinnen, die (Brief des Paulus an die Römer, Kapitel 2, Vers 7) »in aller Geduld mit guten Werken trachten nach Preis und Ehre und unvergänglichem Wesen«.

Tetzels extrem gewinnträchtige Ablassverkäufe veranlassten Luther, 95 Anti-Thesen zu verfassen – und zwar in lateinischer Sprache. Er schickte sein Traktat an Erzbischof Albrecht von Mainz. An der Pforte der Schlosskirche hat er sie wohl nicht angeschlagen, wie die Legende behauptet. Die heftigen Angriffe auf den Papst wurden ins Deutsche übersetzt und – dank des noch jungen Buchdrucks – im ganzen Reich als Flugblatt verbreitet. Die reichen Einnahmen der Ablassprediger schwanden. Langsam wurde es gefährlich für Luther. Am 17. April 1521 verteidigt er auf dem Reichstag zu Worms vor Kaiser Karl V. und 300 Mächtigen des Reichs wacker seine Thesen und rückt nicht von ihnen ab. Kaiser Karl V. lässt Luther schließlich ziehen und hält das gegebene Versprechen. Luther ist mit dem Leben davongekommen, eine Verurteilung als Ketzer mit anschließender Verbrennung auf dem Scheiterhaufen sollte ihm indes noch Jahre drohen. Luther hatte erreicht, was er eigentlich nie wollte: eine Kirchenspaltung. Sein Ziel war es gewesen, die katholische Kirche zu reformieren und nicht eine neue christliche Kirche zu gründen. Er wollte den Ablasshandel bekämpfen und dem sittenlosen Treiben im Vatikan ein Ende setzen.

Luthers Tiraden gegen die Missstände in der katholischen Kirche fielen bei weiten Teilen im Reich auf fruchtbaren Boden. Die geknechteten Bauern erhoben sich schließlich wie einst die aufständischen Juden gegen Rom. Sie fühlten sich von Luther dazu ermuntert. Hatte der nicht in seiner Schrift »Von der Freiheit eines Christenmenschen« (1520) ganz ähnliche Parolen vorgetragen wie die aufständischen Juden. Die rebellierenden Juden verkündeten, sie seien nur Gott selbst Gehorsam schuldig und nicht den heidnischen Römern. Luther formulierte: »Ein Christenmensch ist ein freier Herr über alle Ding und niemandem untertan.« In »Eine treue Vermahnung zu allen Christen« (1522) schrieb der Reformator noch direkter: »Also, die Lügner, die verstockten Tyrannen, magst du wohl hart antasten und frei tun wider ihre Lehre und Werk, denn sie wollen nit hören.«

Thomas Müntzer (1490–1525) kam 1520 durch Luthers Empfehlung als Prediger nach Zwickau. Vehement prangerte er die Unterdrückung des Bauernstandes durch die Obrigkeit an. 1524 klagte er sie in seiner »Hochverursachten Schutzrede« an. Politische Ungerechtigkeit und soziale Missstände machte er für die Rebellion der Bauern verantwortlich. Während der kleine Dieb gehenkt werde, könnten sich die mächtigen Fürsten alles erlauben. Müntzer äußerte dazu: »Sieh zu, die Grundsuppe des Wuchers, der Dieberei sein unser Herrn und Fürsten, nehmen alle Kreaturen zum Eigentum: die Fisch im Wasser, die Vögel in der Luft, das Gewächs auf Erden muss alles ihr sein. Darüber lassen sie dann Gottes Gebot ausgehen, unter die Armen und sprechen: ›Gott hat geboten: Du sollst nit stehlen.‹ Es dienet aber ihn nit. So sie nun alle Menschen verursachen, den armen Ackermann, Handwerkmann und alles, das da lebet, schinden und saugen sie aus. So er sich dann vergreifet am allergeringsten, so muss er hängen. Die Herren machen das selber, dass ihn' der arme Mann feind wird. Die Ursach des Aufruhrs wöllen sie nit wegtun. Wie kann es die Länge gut werden? So ich das sage, muss ich aufrüherisch sein! Wohlan!«

Luthers Antwort auf die Revolution der Bauern ist letztlich eine Bankrotterklärung lutherischen Christentums. Was bedeutet denn eine christliche Theologie, welchen Sinn hat eine christliche Ethik, wenn christliche Ideale nicht für die Mächtigen der Politik gelten? Welche Bedeutung hat denn ein Christentum, dessen Ideale für die Mächtigen bedeutungslos sind, ja beim Regieren außer Acht gelassen werden müssen? Worauf soll sich der »kleine Christ« noch verlassen können, wenn der »große Christ« nicht an das zentrale Gebot der Nächstenliebe gebunden ist? Was ist aus der christlichen Religion für die Schwachen geworden, wenn den Starken Gewaltanwendung empfohlen wird?

Ausdrücklich betonte Luther in seiner Abhandlung »Von Kaufshandlung und Wucher«, dass die frohe Botschaft des Evangeliums keine Richtschnur für die Regierenden sei. Die müssten »nach strengen Gesetzen mit Schwert und Gewalt« handeln, damit die böse Welt zur Ordnung gezwungen wird.

Jede Obrigkeit ist nach Luther gottgewollt, auch die ungerechteste. Die Bauern, die sich – wie 1500 Jahre zuvor die Juden gegen die römischen Besatzer – erhoben, probten also den Aufstand gegen Gott. War Luther entgangen, dass das Christentum seine Existenz jüdischen Rebellen gegen die römische Obrigkeit verdankt?

Luther (»Wider die räuberischen und mörderischen Rotten der Bauern«, 1525) schreibt: »Greuliche Sunden (Grauenhafte Sünden) wider Gott und Menschen laden diese Bauern auf sich, daran sie den Tod verdienet haben an Leibe und Seele: Zum ersten, dass sie ihrer Obrigkeit treu und gehorsam geschworen haben, untertänig und gehorsam zu sein ... Weil sie aber diesen Gehorsam brechen mutwilliglich und mit Frevel und dazu sich wider ihre Herren setzen, haben sie damit verwirkt Leib und Seel.«

Luther nahm die menschenverachtende Denkungsweise islamistischer Fundamentalisten vorweg, die aus Kämpfern gegen die Ungläubigen Märtyrer machen. Selbstmordattentätern wird heute von Hasspredigern versprochen, sie kämen nach dem Tod sogleich ins himmlische Paradies. Luther schreibt: »Also kann's geschehen, dass, wer auf der Oberkeit (Obrigkeit) Seiten erschlagen wird, ein rechter Märterer

(Märtyrer) für Gott sei!« Die Geschichte von Gott zeigt: Man kann in allen Religionen Menschen zu selbstmörderischen Aktionen verführen, wenn man ihnen als Lohn für den Märtyrertod den Eingang in den Himmel verspricht.

Luther sah es als die Christenpflicht eines jedes Frommen an, die aufständischen Bauern zu töten. Seine Ansichten sind an Zynismus kaum zu übertreffen: Die ermordeten Bauern sieht Luther als »erlöst« an. Und wer im Kampf gegen die Aufständischen stirbt, erleidet einen seligen Tod als gehorsamer Gottesdiener. Luther schreibt in seiner Schrift gegen die Bauern: »Drum, liebe Herren, erlöset hie, rettet hie, helft hie! Erbarmet euch der armen Leute! Steche, schlahe (schlage), würge hie, wer da kann! Bleibst du druber tot, wohl dir! Seliglicheren Tod kannst du nimmermehr uberkommen (erleiden), denn du stirbst in Gehorsam göttlichen Worts und Befehls.«

Selbstgefällig erinnert sich Luther später an das blutige Gemetzel in den Bauernkriegen als gottgefälliges Werk: »Prediger sind die allergrößten Totschläger. Denn sie ermahnen die Obrigkeit, dass sie entschlossen ihres Amtes walte und die Schädlinge bestrafe. Ich habe im Aufruhr alle Bauern erschlagen; all ihr Blut ist auf meinem Hals. Aber ich schiebe es auf unseren Herrgott; der hat mir befohlen, solches zu reden.«

Luther hätte sich wieder daran erinnern können, dass das Christentum als Hoffnung der geknechteten Juden entstand. Er stellte sich aber ausdrücklich an die Seite der Unterdrücker und befürwortete Gewalt im Krieg. Manchmal, so Luther, könne ein Volk den Weg in den Himmel eher mit Blutvergießen erarbeiten als mit Beten. Seltsam! Hatte Luther doch im Konflikt mit dem Papst behauptet, dass der Mensch sich den Himmel eben nicht selbst verdienen könne, sondern nur durch die Gnade Gottes?

1944 zitierte der Präsident und spätere Landesbischof der Thüringer Evangelischen Kirche, Hugo Rönck, kurz vor Kriegsende die unsäglichen Lutherworte, um den Krieg zu sanktionieren. In seinem Aufruf zur Jahreswende schrieb er im »Thüringer Kirchenblatt« (Ausgabe 1/1944): »Über Jahrhunderte hinweg mahnt uns das Vermächtnis Martin Luthers: ›Solche wunderliche Zeiten sind jetzt, dass ein Volk den Himmel eher mit Blutvergießen gewinnen kann, denn anders sonst mit Beten‹ ... Heil Hitler.«

Es begann vor mehr als 2000 Jahren. Voller Hoffnung vertrauten aufständische Juden gegen alle Vernunft auf den Sieg über die übermächtigen römischen Unterdrücker. Mit brutaler Gewalt wurden alle messianischen Revolten niedergeschlagen. Der jüdische Staat wurde zerstört. Jerusalem wurde eine heidnische Stadt. Paulus veränderte die Lehre Jesu gravierend. Er machte den jungen christlichen Glauben salonfähig für das Römische Imperium, erklärte jede Staatsgewalt als von Gott gewollt. Das Christentum wurde zur Staatsreligion im Römischen Reich. Die rasch wachsende Kirche hatte keinen Hauch mehr von Aufstand gegen die Mächtigen, sie war zur Unterstützerin der Mächtigen geworden und konnte so zur Weltreligion werden. Als sektiererhafte Gemeinschaft der Unzufriedenen und Aufwiegler wäre das Christentum wohl nie zu einer Glaubensgemeinschaft von Weltrang geworden, sondern schon längst wieder von der Weltbühne verschwunden.

Vor rund einem halben Jahrtausend hat Martin Luther die wohl beste Gelegenheit in der Geschichte von Gott vertan, eine wirkliche Kirchenreformation durchzuführen. Im 16. Jahrhundert fühlte sich die Bauernschaft von der Obrigkeit genauso unterdrückt wie die Juden zu Jesu Zeiten. Die Geschichte der christlichen Kirche begann damals mit dem

Aufbegehren der Juden gegen die Obrigkeit. Doch Luther stellte sich auf die Seite der Mächtigen. Als staatstragende Religion konnte das Christentum weltweit zu einer religiösen Macht werden.

Dort aber, wo der christliche Glaube von Staats wegen unterdrückt wurde, besannen sich die Menschen der ursprünglichen Wurzeln ihres Glaubens. In der DDR waren es die Kirchen, in denen sich mutige Widerständler versammelten, um dem Staatsapparat zu trotzen. In der Dritten Welt sind es immer wieder christliche Geistliche, die sich mit den Ärmsten der Armen solidarisieren. Und auch in der »Ersten Welt« wächst die Armut. Erinnern sich die christlichen Kirchen wieder ihrer ältesten Wurzeln und werden wieder die Hoffnungsträger der Ärmsten der Armen? In einer Welt der von der Finanzpolitik bestimmten Globalisierung könnte es das Christentum sein, das im Widerstand gegen die Unterdrücker von heute die Rechtlosen vertritt. Diese Rückbesinnung auf den Glauben an eine göttliche Gerechtigkeit könnte die Grenzen zwischen großen Weltreligionen abbauen helfen: im friedlichen Miteinander bei der Überwindung von Armut und Not.

6. Gott, die Frau und die Gleichberechtigung

Der Wechsel von der Göttin zu Gott wirkte sich gravierend auf das alltägliche Leben aus. Mit dem Patriarchat kam die Unterdrückung der Frau. Im Schöpfungsbericht der Bibel schwingt noch die Erinnerung an Gleichberechtigung zwischen Mann und Frau mit. Im mosaischen Gesetz wie in islamischen Reinheitsgeboten wurde die Frau zum minderwertigen Menschen erklärt. Unbeschreiblich grausam ist die Beschneidung von Frauen im Islam. Jesus allerdings sah die Frau als gleichberechtigte Partnerin. Er machte Maria Magdalena zu seiner engsten Vertrauten, vollzog mit ihr das Ritual der heiligen Hochzeit. Paulus hingegen forderte, konträr zu Jesus, Unterordnung der Frau unter den Mann – genau wie der Islam. Die Kirche hielt sich nicht an Jesu, sondern an paulinische Lehren über die Minderwertigkeit der Frau. Hochangesehene Theologen überboten sich gegenseitig in krankhaften Tiraden gegen die Frau. Nach der Ausrottung der Ketzer führte sie hasserfüllt Krieg gegen die Frau. Päpstliche wie Lutherische ließen die Scheiterhaufen des Frauenhasses auflodern.

Biblische Erinnerungen an die Gleichberechtigung

Eva war Adams zweite Frau. Seine erste hieß Lilith. Sie wird in der Familiengeschichte Adams diskret verschwiegen. Umso gesprächiger ist die Mythologie der Juden, die weit über die Texte des Alten Testaments hinausgeht. In »The Legends of the Jews« (Band I, S. 65) heißt es: »Um Adams Einsamkeit zu vertreiben, bekam Adam (von Gott) zunächst Lilith als Frau. Wie er, so war auch sie (von Gott) aus dem Staub der Erde erschaffen worden. Sie blieb aber nur eine kurze Zeit bei ihm, denn sie bestand darauf, ihrem Mann völlig gleichberechtigt zu sein. Sie leitete ihre Rechte vom gemeinsamen Ursprung ab.«

Lilith begründet ihren Anspruch auf Gleichberechtigung damit, dass Gott sie, die Frau, wie auch Adam, den Mann, aus Staub erschaffen habe. Ganz klar wird damit in der alten Überlieferung auf den zweiten Schöpfungsbericht der Bibel angespielt (1. Buch Mose, Kapitel 2, Verse 4b–25): Demnach entsteht Adam als erster Mensch, von Gott selbst aus »Erde vom Acker«. Seine Frau Eva hingegen wird von Gott aus »einer Rippe« Adams gemacht, als »Gehilfin, die um ihn wäre«. Ein wirklich großer Unterschied zu Lilith ist nicht zu erkennen: Lilith sollte Adam als Gespielin die Zeit vertreiben, Eva sollte ihm als Gehilfin dienen. Gott habe also dem höherrangigen Mann eine niederrangige Gesellschafterin an die Seite gestellt.

Fundamentalistische Bibeldeuter fragen: Deutet Evas Erschaffung aus einer Rippe Adams nicht darauf hin, dass Eva nur einen untergeordneten Rang gegenüber Adam einnehmen konnte? Da widerspricht Prof. Dr. Pinchas Lapide, jüdischer Theologe und Religionswissenschaftler von Rang, in seinem Werk »Ist die Bibel richtig übersetzt?« (Gütersloh 1994, Seite 20) ganz entschieden: »Der Tatsache, dass Eva aus einer Seite Adams entstanden ist, gewinnen die Rabbinen einen tieferen Sinn ab. Hätte Gott der Frau beschieden, über den Mann zu herrschen, so hätte er sie aus Adams Kopf geschaffen – wie etwa Pallas Athene, die Schutzgöttin der

Griechen, aus dem Haupt des Zeus gebildet wurde. Hätte Er ihr hingegen beschieden, Adams Sklavin zu sein, so hätte Er sie aus dessen Füßen gestaltet (gemäß der Bildhaftigkeit der orientalischen Symbolik). Er aber nahm sie aus Adams Seite, weil Er sie zu Adams gleichberechtigter Gefährtin bestimmt hat – auf dass sie beide Seite an Seite den Lebensweg beschreiten und vollenden mögen.«

Sollten die Rabbinen tatsächlich die Lehre vertreten haben, dass Mann und Frau von Anfang an von Gott als gleichberechtigt gedacht waren? Dafür spricht eine klare Aussage des ersten biblischen Schöpfungsberichtes. Da heißt es (1. Buch Mose, Kapitel 1, Vers 27): »Und Gott schuf den Menschen zu seinem Ebenbilde, zum Bilde Gottes schuf er ihn, und schuf sie als Mann und Weib.« Nach dieser Formulierung macht hier Gott in seinem Schöpfungsakt keinen wertenden Unterschied zwischen Mann und Frau.

Gott überantwortet die Erde beiden, also Mann und Frau, nicht etwa nur dem Mann (Vers 28): »Machet sie euch untertan!« Mann und Frau, so heißt es weiter, sollen herrschen »über die Fische im Meer und über die Vögel unter dem Himmel und über das Vieh und alles Getier, das auf Erden kreucht«.

Adam und Eva sollen gemeinsam das Regiment führen, stehen also auf gleicher Höhe. In diesem uralten Bild ist Eva, die Frau, gleichberechtigt mit Adam, dem Mann. Sie ist ihm nicht untertan.

Die Frau als minderwertiges Wesen

Doch entsprach dieses Bild der alltäglichen Realität im alten Orient? Ganz und gar nicht, stellt Heinrich A. Mertens in seinem grundlegenden »Handbuch der Bibelkunde« (Düsseldorf 1966, Seite 503) fest: »Die Frau bedeutete nicht viel.

Der Mann herrschte. Bei einer Geburt zählten nur die Söhne. Eine Mutter wurde um der Söhne willen, die sie geboren, geehrt – wenn sie geehrt wurde. Die Frau war Sklavin, Arbeitstier, ja sie galt weithin nicht einmal als Mensch. Sie war Besitz, wie das Vieh. Man kaufte sich eine Frau, weil man sie zur ›Zucht‹ brauchte. Die Väter gaben sie aber nicht ohne Gegengabe her, weil sie mit ihrer Tochter eine Arbeitskraft verloren.«

Mann und Frau galten, wie modern man auch die Schöpfungsgeschichte interpretieren mag, im alten Israel nicht als gleichberechtigt, ja nicht einmal als gleichwertig. Das geht ganz eindeutig aus den mosaischen Gesetzen über die Unterschiede zwischen der Geburt eines Jungen und der eines Mädchens hervor. Nach der Geburt eines Kindes ist eine Frau, so hält es das mosaische Gesetz fest, »unrein«. Die Dauer dieses »beschmutzten« Zustands hängt vom Geschlecht des geborenen Kindes ab.

Das 3. Buch Mose, Kapitel 12, Vers 2: Nach Geburt eines Knaben ist die Mutter eine Woche lang unrein.

Das 3. Buch Mose, Kapitel 12, Vers 5: Nach der Geburt eines Mädchens ist die Mutter zwei Wochen unrein.

Aus heutiger Sicht muss es schon mehr als seltsam anmuten, dass durch die Geburt eines Kindes die Mutter verunreinigt wird und Opfergaben im Tempel geben muss, um wieder »rein« zu werden.

Die Geburt eines Kindes erscheint als eine infektiöse Krankheit für die Frau, die sie nach der Entbindung zwingt, eine »Quarantäne« einzuhalten. Für wie lange, hängt vom Geschlecht des Kindes ab:

Für die Geburt eines Jungen gilt (3. Buch Mose, Kapitel 12, Vers 4): »Sie (die Mutter) soll daheim bleiben dreiunddreißig Tage … Kein Heiliges soll sie anrühren, und zum

Heiligsten soll sie nicht kommen, bis die Tage ihrer Reinigung um sind.«

Bei der Geburt eines Mädchens hingegen muss beachtet werden (3. Buch Mose, Kapitel 12, Vers 5): »Sie (die Mutter) soll sechsundsechzig Tage daheim bleiben.«

Mit anderen Worten: Die Quarantäne nach der Geburt eines Mädchens ist doppelt so lang wie nach der Geburt eines Jungen.

Derlei diskriminierende Reinheitsgebote sind nicht nur auf das Judentum beschränkt. Es gibt sie auch im Islam. Nach dem Koran muss sich der Gläubige vor Verrichtung des Gebets reinigen. Das ist durchaus nachvollziehbar: Der Gläubige möchte eben nicht beschmutzt betend vor Allah treten. Zu den Quellen einer möglichen Verschmutzung zählt nach dem Koran allerdings auch die Frau. So heißt es in der 4. Sure (Vers 42): »Und wenn ihr krank seid oder euch auf einer Reise befindet oder einer von euch von der Notdurft zurückkommt oder wenn ihr die Frauen berührt habt und kein Wasser findet, dann sucht guten (reinen) Sand und reibt euch dann Gesicht und Hände ab.«

Es bedarf wohl keines weiteren Kommentars, dass das »Berühren einer Frau« im gleichen Atemzug mit der Verunreinigung durch das Verrichten der Notdurft genannt wird. Die Frau als Quelle für Verunreinigung für den Mann? Ganz im Geiste des Korans fragte der heilige Odo (878–942): »Da wir nicht einmal mit den äußersten Fingerspitzen Kot und Schleim anrühren mögen, warum begehren wir so eifrig das Schmutzgefäß selbst zu umfassen?«

Wie wenig die Frau auch im Hinduismus gilt, beweisen die eindeutigen Aussagen des mystischen »Gesetzeslehrers« Manu. Der dozierte im dritten vorchristlichen Jahrhundert in höchst verächtlicher Weise über das Wesen der Frau: »Die

Frau ist so falsch wie die Falschheit selbst. (...) Als er sie erschuf, teilte der Gott aller Kreaturen den Frauen die Liebe zu ihrem Bett, ihrem Stuhl und Tand zu, ebenso unreine Gedanken, Zorn, Unehrlichkeit, Gehässigkeit und schlechtes Betragen. (...) Von der Wiege bis zum Grab ist eine Frau von einem Mann abhängig: in der Kindheit von ihrem Vater, in der Jugend von ihrem Gatten, im Alter von ihrem Sohn.«

Fast zweieinhalb Jahrtausende alt ist dieses Dokument des Frauenhasses, das unter dem Mäntelchen der Theologie verbreitet wurde. So wurden Frauen per Definition als minderwertige Wesen angesehen. In einer solchen Atmosphäre entstand das unglückselige System der Mitgift: Heiratete ein Mann eine Frau, so brachte sie die Mitgift in die Ehe. Starb die Frau, erbte der Mann die Mitgift. Über Jahrhunderte hinweg wurden Frauen ermordet, wenn die Mitgift den Männern zu gering ausfiel. Manchmal versprachen auch Eltern von heiratsfähigen Mädchen mehr als sie halten konnten.

Offiziell wurden Mitgiftzahlungen 1961 per Gesetz verboten, doch gebessert hat sich die Situation der Frau nicht.

Wie groß muss die Zahl der Mitgiftmorde an Frauen gewesen sein, dass es gegen Ende des zweiten nachchristlichen Jahrtausends zu einer solchen Ergänzung des Strafrechts kam. 1986 wurde das Strafgesetzbuch um den Zusatz ergänzt: Ein Ehemann oder seine Angehörigen werden in den ersten sieben Ehejahren für jeden »unnatürlichen Tod« einer Frau verantwortlich gemacht, sobald feststeht, dass die Frau schikaniert wurde. Seither liegt es bei den Angeklagten, ihre Unschuld zu beweisen. Auch diese Änderung beendete die Mitgiftmorde nicht. Mit vereinten Kräften wird vertuscht. Die Polizei schaut weg. Verbrechen bleiben ungesühnt.

In einer von Männern dominierten Welt werden Verbrechen, die seit Jahrtausenden von Männern begangen werden, nicht einmal auch nur schleppend verfolgt. Tausende Mitgiftmorde werden Jahr für Jahr begangen.

Mitgiftzahlungen gefährdeten nicht nur das Leben unzähliger Bräute. Sie brachten auch vielen Familien von Töchtern den Ruin. Oft mussten Kredite aufgenommen werden, die ganze Familien in schlimmste Armut brachten. So häuften sich Morde an jungen Mädchen und weiblichen Säuglingen. Noch viel häufiger kam es vor, dass neugeborene Mädchen so vernachlässigt wurden, dass sie schon sehr früh starben. Uralt ist die »Tradition«, neugeborene weibliche Babys mit Opium zu vergiften. Nicht minder skandalös ist die gezielte Abtreibung von weiblichen Föten. Wissenschaft macht es möglich: Eine Fruchtwasseruntersuchung erlaubt die Bestimmung des Geschlechts des Fötus. Weibliche Ungeborene werden abgetrieben. Etwa 600 000 weibliche Föten werden in Indien jährlich gezielt abgetrieben. Allein in Mumbai sind es 50 000 im Jahr.

Auch diesem wahrlich mörderischen Treiben sollte per Gesetz begegnet werden. Doch geändert hat sich nichts. So werden auch heute noch Millionen von weiblichen Föten abgetrieben. Jahrtausendealte theologische Lehren führen noch zu Beginn des dritten nachchristlichen Jahrtausends zu unsäglichem Schmerz, zu Unrecht, was eigentlich weltweit zu lautstarken Protestaktionen führen müsste. Die Welt aber schweigt.

Wer die Geschichte von Gott studiert, entdeckt mit Entsetzen immer wieder blutrote Kapitel. Zu den unbegreifbaren Paradoxien des menschlichen Lebens gehört, dass der Mensch zu Selbstlosigkeit ebenso wie zu schlimmsten Verbrechen fähig ist. Und wer vermag zu begreifen, dass immer wieder gerade auch von jenen Denkern, die den Weg ins Paradies aufzeigen wollen, unsägliches Leid verursacht wird? Ursprünglich sollte wohl geregelt werden, dass Frauen untergebracht und versorgt werden. So predigte man im Hinduismus: Wer seine Tochter verheiratet, der erfüllt eine religiöse Pflicht. Somit kann er darauf hoffen, im nächsten Leben in einer höheren Kaste erneut das Licht der Welt zu erblicken und so der endgültigen Erlösung ein Stück näher zu kommen.

Jesus und die Frau als gleichberechtigtes Wesen

Drei der vier Evangelien vermelden übereinstimmend eine Geschichte, die etwas Wichtiges verdeutlicht: Jesu Einstellung gegenüber Frauen unterschied sich stark von der seiner jüdischen Zeitgenossen. Die Evangelien nach Matthäus (Kapitel 9, Verse 18–22), Markus (Kapitel 5, Verse 21–34) und Lukas (Kapitel 8, Verse 40–48) erzählen, dass sich einmal eine große Menschenmenge um Jesus versammelte. Im dichten Gedränge näherte sich eine kranke »blutflüssige Frau«. Schon zwölf Jahre, so lesen wir in den drei Evangelien, war sie von dieser Krankheit befallen. Sie hatte schon viele Ärzte konsultiert, die ihr nicht helfen konnten. Dabei hatte sie ihre ganze Habe verloren.

Ob sich die geschilderte Episode wirklich ereignet hat, lässt sich nicht mehr klären. Wichtiger als die Frage nach der Geschichtlichkeit der Begegnung ist ihre Aussage: Jesus war unbefangen im Umgang mit Frauen. Er hatte keinerlei Berührungsängste.

Im Judentum des Alten Testaments gab es eine klare Unterordnung der Frau, speziell im religiösen Leben. Macht und Autorität lagen bei den Männern. Von frühester Kindheit an wurden Jungen in der Heiligen Schrift ausgebildet, Mädchen war das untersagt. Eine aktive Teilnahme von Frauen am religiösen Leben gab es nicht. Unklar ist, ob Frauen jemals in Synagogen gleichberechtigt mit Männern beten durften. In mittelalterlichen Synagogen jedenfalls gab es eine räumliche Trennung zwischen Männern und Frauen. Oftmals wurde der Frauenbereich erst nachträglich angebaut. Er galt als weniger heilig als der männliche.

Die erklärenden Predigten der Rabbis galten nur Männern. Frauen wurden von eigenen Vorbeterinnen angeleitet, die allerdings nicht aus den Thorarollen lesen durften. Offensichtlich waren Frauen nicht gern in der Synagoge gesehen. Sie hatten sich leise zu verhalten, sollten möglichst gar nicht auffallen und mussten sich hinter einem Vorhang oder einem dichten Gitter förmlich verstecken. Offiziell gab es nach dem jüdischen Gesetz auch für Frauen so etwas wie eine Pflicht, die Synagoge zu besuchen. Man legte ihnen aber deutlich nahe, ihren häuslichen Pflichten nachzugehen. Der fromme Mann sah seine Frau lieber am heimischen Herd als auch nur in der Nähe einer Synagoge.

Eine solche Diskriminierung der Frau war Jesus vollkommen fremd. Zu seiner Jüngerschar, die mit ihm durchs Heilige Land zog, gehörten Frauen und Männer. Jesus predigte für Frauen wie für Männer. Maria Magdalena, von der Kirche zur Prostituierten gemacht, war seine engste Vertraute. Ihr offenbarte Jesus seine Geheimnisse, die er seinen männlichen Jüngern vorenthielt. Sie war seine Lieblingsjüngerin, seine Gefährtin. Mit ihr hatte Jesus offenbar ein intimes Verhältnis.

Maria Magdalena war es, die zu Füßen Jesu stand, als er am Kreuz starb. Sie riskierte dadurch ihr Leben, weil sie sich offen zu Jesus bekannte. Damit war sie für die Römer, die Jesus als Rebell kreuzigten, eine potentielle Rebellin. Die Gefahr, von den Römern verhaftet und hingerichtet zu werden, war groß. Deshalb waren ja die männlichen Jünger geflohen, als Jesus von den Römern verhaftet wurde. Maria Magdalena jedoch blieb Jesus auch in der Zeit höchster Gefahr treu, während Petrus Jesus drei Mal verriet.

Maria Magdalena sollte Jesu Nachfolgerin werden, sie wurde aber von Petrus zur Flucht ins Ausland getrieben. Schon in den ersten Jahrhunderten nach der Kreuzigung wurde Maria Magdalena von den frühen Theologen verdrängt. Jesus hatte die Frauen als gleichberechtigte Mitmenschen geachtet, Jesu Nachfolger würdigten sie herab. Diese Entwicklung lässt sich deutlich in den Schriften des Neuen Testaments nachweisen. Aus der gleichberechtigten Partnerin wurde die sündhafte Schuldige.

Paulus verteufelt die Frau

In seinem ersten Brief an Timotheus betont Paulus darin, dass nach seiner Theologie die Frau die Schuld am Sündenfall der Menschheit trägt (Kapitel 2, Verse 14): »Adam ward nicht verführt, das Weib aber ward verführt und ist der Übertretung verfallen.« Mit anderen Worten: Die Frau ist schlechter als der Mann, weil sie den Sündenfall verursacht hat, nicht der Mann. Außerdem hat Gott, so Paulus, erst Adam gemacht, danach Eva (Kapitel 2, Vers 13). Deshalb obliegt es der Frau (Kapitel 2, Vers 11), »in der Stille mit Unterordnung zu lernen«. Paulus schwingt sich zum Reglementierer über das Christentum auf. Obwohl er Jesus gar nicht kannte, verkündet er als christliche Doktrin, was Jesus nie gelehrt hat (Kapitel 2, Vers 12): »Einer Frau gestatte ich nicht, dass sie lehre, auch nicht, dass sie sich über den Mann erhebe, sondern sie sei stille.«

Paulus bestimmte maßgeblich das Christentum. Allerdings muss man feststellen, dass er sich sehr häufig selbst widerspricht. Zu fast jeder grundsätzlichen Behauptung, die Paulus aufstellt, findet man bei ihm auch eine völlig konträr lautende Behauptung. Der Theologe Dr. Bernhard Zürner belegt die innere Zerrissenheit, ja extreme Widersprüchlichkeit des Paulus in seinem bedeutsamen Werk »Die Paulus-Legende«. Sachkundig führt Zürner die grundlegendsten Thesen des Paulus an und stellt die jeweils entgegengesetzte Aussage von Paulus gegenüber (S. 151). Einige Beispiele sollen genügen:

Die Gläubigen würden nicht gerichtet, denn sie richten selbst über andere. (1. Brief des Paulus an die Korinther, Kapitel 6, Vers 3/1. Der Brief des Judas (womöglich von einem Bruder Jesu verfasst), Kapitel 1, Vers 6)

Nein, in Furcht und Zittern sollen sie sich um ihr Heil kümmern, der Herr werde sie richten. (1. Brief des Paulus an die Philipper, Kapitel 2, Vers 12/1. Brief an die Korinther, Kapitel 4, Vers 5).

Die Erwählung und die Rettung der Gläubigen sei schon gesichert. (Brief des Paulus an die Römer, Kapitel 8, Verse 33 ff. und Kapitel 9, Vers 23)

Nein, sie sei noch immer ungewiss. (Brief des Paulus an die Römer, Kapitel 11, Verse 21 ff.)

Die Heiden seien die neuen Söhne Gottes. (Brief des Paulus an die Galater, Kapitel 4, Verse 28 ff. und Kapitel 3, Vers 26)

Nein, die Juden seien und blieben diese Söhne. (Brief des Paulus an die Römer, Kapitel 9, Verse 4 f.).

Er, der Apostel, bringe ihnen die Herrlichkeit Christi. (2. Brief des Paulus an die Korinther, Kapitel 4, Vers 4 und Kapitel 3, Vers 18)

Nein, er bringe ihnen die Leiden des Gekreuzigten (1. Brief des Paulus an die Korinther, Kapitel 2, Vers 2).«

Bernhard Zürner fasst zusammen: »Pauli theologisches Denken entwickelte sich nicht; seine Jas und Neins folgten einander nicht nach allmählichen Übergängen – sie heben sich gegenseitig auf. Hätte er sie selber ernst genommen, bedingungslos: er wäre in die Irre gegangen und damit des Gottesreiches, das er predigte, verlustig!«

Paulus hat in seinen Briefen teilweise mit barscher Direktheit sehr konkrete Behauptungen aufgestellt über zentrale Fragen des Lebens. In anderen Briefen vertritt er dann – meist mit gleicher barscher Arroganz – genau das Gegenteil. In einem Punkt aber ist Paulus eindeutig und klar in seinen Aussagen: Eine Gleichberechtigung zwischen Mann und Frau ist bei Paulus nicht vorgesehen.

Im paulinischen Christentum gibt es eine ganz eindeutig festgelegte Hierarchie (Der erste Brief des Paulus an die Korinther, Kapitel 11, Vers 3): An der Spitze steht Gott der Allmächtige, ihm untertan ist Jesus, sein Sohn. Jesus wiederum untergeordnet ist der Mann. Und ganz unten in der Hierarchie steht die Frau. Wie turmhoch nach Paulus der Mann über der Frau steht, wird durch den Vergleich zwischen Jesus und dem Mann deutlich: So wie Jesus das »Haupt« des Mannes ist, so ist der Mann das »Haupt« der Frau.

Im Alten Testament hieß es noch, dass Gott den Menschen als Mann und Frau nach seinem Bilde schuf. Bei Paulus (Der erste Brief des Paulus an die Korinther, Kapitel 11, Vers 7) ist der Mann »Gottes Bild und Abglanz, die Frau aber ist des Mannes Abglanz«. Für Paulus, der wie kein anderer das Christentum prägte, ist es durch die göttliche Schöpfung festgelegt, dass sich die Frau dem Mann unterzuordnen hat

(Vers 9): »Der Mann ist nicht geschaffen um des Weibes willen, sondern das Weib um des Mannes willen.«

Gewiss, Paulus ordnet in seinem Brief an die Epheser an (Kapitel 5, Vers 28), dass die Männer ihre Frauen lieben sollen wie ihren eigenen Leib. Aber dabei darf die göttliche Hierarchie nicht in Frage gestellt werden (Kapitel 5, Verse 22 und 23): »Die Frauen seien untertan ihren Männern als dem Herrn. Denn der Mann ist des Weibes Haupt, gleichwie auch Christus ist das Haupt der Gemeinde.«

An der Unterordnung der Frau unter den Mann lässt Paulus nicht den geringsten Zweifel aufkommen. In seinem ersten Brief an die Korinther legt er fest (Kapitel 14, Verse 33–35): »Denn Gott ist nicht ein Gott der Unordnung, sondern des Friedens. Wie in allen Gemeinden der Heiligen sollen die Frauen schweigen in der Gemeindeversammlung; denn es ist ihnen nicht gestattet zu reden, sondern sie sollen sich unterordnen, wie auch das Gesetz sagt. Wollen sie aber etwas lernen, so sollen sie daheim ihre Männer fragen. Es steht der Frau schlecht an, in der Gemeinde zu reden.«

Die Theologie folgt Paulus in seinem Frauenhass

Versuche, die Aussagen des Paulus über die untergeordnete Stellung der Frau wegzuerklären, müssen scheitern. Paulus hat eben nicht die Unterwürfigkeit der Frau in bestimmten Ausnahmefällen gefordert. Für ihn war es Teil der allgemeingültigen, ewigen Ordnung, dass die Frau in der menschlichen Hierarchie an unterster Stelle steht. Der heilige Augustinus von Hippo (354–430 n. Chr.) pflichtete bei: »Das Weib ist ein minderwertiges Wesen, das von Gott nicht nach seinem Ebenbilde geschaffen wurde. Es entspricht der natürlichen Ordnung, dass die Frauen den Männern dienen.«

In diesem Punkt gibt es vollkommene Übereinstimmung zwischen den paulinischen Lehren, jenen des Augustinus und jenen des Korans. Gewiss, nirgendwo im Koran wird die Frau verantwortlich für den »Sündenfall« gemacht. Es findet sich dort auch nichts Vergleichbares mit der Geschichte von Eva, die durch den Teufel zum Ungehorsam gegen Gott verleitet wird. Aber auch der Koran sieht den Mann in der Hierarchie über der Frau (4. Sure, Vers 33): »Die Männer stehen den Frauen in Verantwortung vor, weil Allah die einen vor den anderen ausgezeichnet hat ... Darum sind tugendhafte Frauen die Gehorsamen ...«

Offenbar ist es ein Zeichen patriarchalischen Denkens, die Vormachtstellung des Mannes als Willen Gottes darzustellen. So kann man dann echte Gleichberechtigung als Aufbegehren gegen die göttliche Schöpfung ablehnen. Für die Benachteiligung von Frauen sind nicht zuletzt erzkonservative, fundamentalistische Interpreten von Bibel und Koran verantwortlich. Nach wie vor werden besonders in vom Islam geprägten Ländern Mädchen in der Ausbildung benachteiligt. Diese religiös motivierte Diskriminierung ist im großen Umfang mit dafür verantwortlich, dass zwei Drittel aller Menschen, die weltweit nicht lesen können, Frauen sind. Weltweit sterben jedes Jahr mehr als eine halbe Million Frauen an Komplikationen während der Schwangerschaft oder bei der Geburt. Nach wie vor, so hält es der Unicef-Bericht 2006 fest, werden fast überall auf der Welt Frauen diskriminiert. »Millionen Mädchen leiden unter Gewalt« vermeldet »Die Welt« vom 12. Dezember 2006, verschweigt dabei diskret, dass besonders in muslimisch bestimmten Ländern Mädchen ein wahres Martyrium durchmachen. Nach wie vor wird die grausame Verstümmelung (»Beschneidung«) von Mädchen praktiziert, obgleich dergleichen nirgendwo im Koran gefordert wird. Im Gegenteil: Gerade nach den Lehren des Koran ist ein solch barbarischer Akt, dem Jahr für Jahr unzählige Mädchen zum Opfer fallen, völlig unislamisch.

Für ungehorsame Ehefrauen sieht der Koran die Prügelstrafe vor. Unklar ist, ob die Züchtigung nur rückwirkend als Strafe anzuwenden ist – oder vorbeugend (4. Sure, Vers 33): »Und jene, deren Widerspenstigkeit ihr befürchtet: ermahnt sie, meidet sie im Ehebett und schlagt sie!«

Im Vergleich dazu hört sich Paulus schon wieder geradezu human an, wenn er in seinem ersten Brief an die Korinther (Kapitel 7, Vers 1) schreibt: »Es ist dem Menschen gut, dass er kein Weib berühre!« Kaum einem Theologen kommt in den Sinn, wie verächtlich dieser knappe Satz ist: Paulus unterscheidet zwischen Mensch und Frau, rechnet offenbar die Frau nicht zur Gattung der Menschen. Augustinus äußert dazu: »Das Weib ist ein minderwertiges Wesen, das von Gott nicht nach seinem Ebenbilde geschaffen wurde. Es entspricht der natürlichen Ordnung, dass die Frauen den Männern dienen.« Eigentlich grenzt es schon an ein Wunder, wenn Frauen als Dienerinnen in die Gegenwart von Männern gelangen dürfen. Warnte doch der heilige Anselm von Canterbury (um 1033–1109 n. Chr.), 1494 heiliggesprochen: »Nichts Schändlicheres gibt es als das Weib, durch nichts richtet der Teufel mehr Menschen zugrunde als durch das Weib.«

Thomas von Aquin dachte ähnlich. Für ihn war der Mann ein perfekter, die Frau ein misslungener Mensch. Thomas von Aquin, von Theologen als einer der größten Geister der Weltgeschichte überhaupt verehrt, hatte für Frauen nur Verachtung übrig: »Die Frau ist ein Missgriff der Natur ... mit ihrem

Feuchtigkeits-Überschuss und ihrer Untertemperatur körperlich und geistig minderwertiger … eine Art verstümmelter, verfehlter, misslungener Mann … die volle Verwirklichung der menschlichen Art ist nur der Mann.«

Durchstreift man die nachchristliche Geschichte von Gott, so schlägt einem aus zahlreichen Jahrhunderten der blanke Frauenhass entgegen. Oft hetzten gerade jene Theologen gegen die Frau, die auch grausame Vorgehensweise gegen Ketzer empfohlen haben. Immer wieder brachten angesehene Theologen Frau und Teufel miteinander in Verbindung. So warnte der heilige Hieronymus (347–420 n. Chr.), »Kirchenvater« genannt: »Fliehet das Weib, es ist die Pforte des Teufels, die Straße des Lasters; nähert sich der Mann, so brennt er …« Brennen mussten allerdings weniger Männer als Frauen – als Opfer der Jahrhunderte währenden unmenschlichen Hexenverfolgungen. Papst Pius II. (1458–1464) mahnte: »Wenn du eine Frau siehst, denke, es sei der Teufel! Sie ist eine Art Hölle!« An die Hölle auf Erden erinnerten dann jedoch die auflodernden Scheiterhaufen, die die christliche Welt den Hexen auftürmte.

Für Martin Luther war es göttlicher Plan: Der Mensch hatte fruchtbar zu sein und sich zu mehren. Zum göttlichen Plan gehörte auch die Bestrafung der Frau. Weil sie Adam zum Sündenfall verleitet hatte, wurde sie mit Adam aus dem Paradies vertrieben. Und sie muss – nach christlicher Überzeugung – büßen (1. Buch Mose, Kapitel 2, Vers 16): »Und zum Weibe sprach er (Gott): ›Ich will dir viel Mühsal schaffen, wenn du schwanger wirst; unter Mühen sollst du Kinder gebären. Und dein Verlangen soll nach deinem Manne sein, aber er soll dein Herr sein!«

Frauen hatten nach christlicher Theologie Geburtsschmerzen als Strafe Gottes hinzunehmen, so war das doch im Schöpfungsplan festgelegt. Doch nicht alle Frauen akzeptierten die auferlegte Pein als Strafe Gottes. Frauen entwickelten eine vielfältige Heilkunde. Sie wussten, wie Wunden zu behandeln waren, kannten sich in der Geburtshilfe und in der Anwendung von allerlei Schmerzmitteln aus.

Von der Inquisition zu den Hexenverbrennungen

In der mittelalterlichen Medizin waren Frauen Heilkundige, Expertinnen in der Geburtshilfe. Sie verfügten über einen reichen Fundus an tradierter Volksmedizin, die sie experimentell weiterentwickelten. So waren sie ihren männlichen Kollegen oft weit überlegen, auch weil christliche Theologen eine wissenschaftliche Weiterentwicklung der Medizin behinderten. Krankheit sahen die Theologen als Strafe Gottes für sündige Menschen an. Wer gegen Krankheit ankämpfte, pfuschte Gott ins Handwerk. In der islamischen Welt gab es kein derartiges abergläubisches Denken. Da entwickelte sich die Medizin als echte Wissenschaft weiter. Im christlichen Abendland setzte man in erster Linie auf das Gebet, in der islamischen Welt entwickelte man Regeln der Hygiene in der Medizin.

Kundige Frauen, die praktische Erfahrungen hatten und ihr Wissen nicht nur aus Büchern bezogen wie die männlichen Studierten, waren den Herren Theologen ein Gräuel. Sie wussten, wie man Abtreibungen einleitete oder Schmerzen bei der Geburt linderte, handelten also nach Theologenansicht gegen den direkten göttlichen Befehl.

Philippus Aureolus Theophrastus Bombastus von Hohenheim (1493–1541) wurde unter dem Namen Paracelsus zu einem überragenden Mediziner, der seiner Zeit um Jahrhunderte voraus war. So entwickelte er eine ganzheitliche Lehre von Körper und Geist. Seine geradezu legendären Heilerfolge brachten ihm Hass und Neid seiner Kollegen ein. Der legendäre Paracelsus bekannte zudem offen, all sein Wissen von den »weisen Frauen« erlernt zu haben. Was für eine Schmach für das männliche Ego. Seine männlichen Kollegen, meist praxisferne Theoretiker, beschäftigten sich möglichst wenig mit der Frauenheilkunde. Ein Studium der weiblichen Anatomie, eigentlich eine der grundlegenden Voraussetzungen für medizinische Heilkunde, galt für die christlichen Theologen als anrüchig und sündhaft.

Besser kannten sich die Heilerinnen aus. Deshalb waren sie natürlich gerade bei den Frauen weitaus beliebter und angesehener als die männlichen Ärzte. Im 13. Jahrhundert waren es in erster Linie die Frauen, die als Ärztinnen des Volkes, aber auch in Adelskreisen segensreich wirkten. Im 14. Jahrhundert wurden Heilerinnen von der Kirche massiv angegriffen. Nur die männlich-universitäre Medizin galt als statthaft. Und da Frauen für ein medizinisches Studium nicht zugelassen waren, gab es in der Medizin keinen Platz mehr für Frauen als Ärztinnen, nur noch als Objekt von männlichen Ärzten.

Somit wurde die heilkundige Frau systematisch in die Illegalität abgedrängt. Wenn ein männlicher Arzt nicht helfen konnte, so war das der Wille Gottes. Der Patient hatte sich geduldig in sein von Gott gewolltes Schicksal zu fügen. Vermochte eine »weise Frau« einem von der Schulmedizin aufgegebenen Patienten zu helfen, konnte es nur mit dem Teufel zugegangen sein! Da mussten doch Hexen am Werk gewesen sein!

Ein Sektor blieb den Frauen zunächst noch vorbehalten: die Frauenheilkunde und die Geburtshilfe. Doch im 15. Jahrhundert wurde die Hebamme zur unselbständigen Gehilfin des Arztes degradiert.

Im 15. Jahrhundert suchten sich die Verfolger von andersgläubigen Ketzern zusehends andere Betätigungsfelder, nachdem vermeintliche Irrlehrer schon weitestgehend ausgerottet worden waren. Aber waren nicht auch die heilkundigen Frauen Ketzer, wenn sie zum Beispiel göttlicher Anordnung zum Trotz Frauen bei der Geburt schmerzlindernde Mittel verabreichten?

So ersuchten anno 1484 die Dominikanermönche Jakob Sprenger und Heinrich Institoris Papst Innozenz VIII. um Unterstützung im Kampf gegen die Hexen. Die Theologen verfassten die Bulle »Summis Desiderantis« als Aufruf zur intensiveren Verfolgung von Hexen. Noch ging es um Verfolgung von »Personen beiderlei Geschlechts«. Doch bald sollten sich die Hexenjäger im Wesentlichen auf Frauen konzentrieren.

1485 nahm Institoris in Tirol die Hexenjagd auf. Noch war die Empörung auf Seiten der Bevölkerung groß. Er wurde gar zur unerwünschten Person ernannt, obwohl er päpstliche Legitimation besaß. Dieser Misserfolg veranlasste Institoris, zusammen mit seinem Kollegen Jakob Sprenger das Standardwerk der planmäßigen Hexenverfolgung zu verfassen. 1487 veröffentlichten sie ihren »Hexenhammer«. Mit geradezu deutscher Pedanterie wurde ein Regelwerk für den Umgang mit Hexen erstellt, das eine einheitlich grausame Misshandlung der Hexen ermöglichte. Wer einmal in das Räderwerk der Verfolgung geriet, war verloren. Eine Anklage als Hexe war gleichbedeutend mit der folgenden Hinrichtung. Eine anonyme Anzeige genügte, schon nahm das Unheil seinen Lauf. Eine Verteidigung gab es nicht. Wer es wagen sollte, ein gutes Wort für eine Hexe einzulegen, musste davon ausgehen, selbst der Hexerei bezichtigt und als Hexe verurteilt zu werden.

Wie perfide die Hexenjäger waren, zeigt eine ihrer grausamen Erfindungen: die Wasserprobe. Jemand wurde als Hexe verdächtigt. Es kam zu einer Probe. Wer ihr unterzogen wurde, konnte nur verlieren. Am Ende stand immer der Tod. Die zu prüfende Person wurde in einen eisernen Käfig gesperrt und unter Wasser gedrückt. Nun hätte man ja bei dem grausigen Geschehen Gott ins Spiel bringen können. Man hätte jene, die auf wundersame Weise die Wasserprobe überlebten, als unschuldig ansehen können. Wer die Probe überlebte, galt als Hexe und war des Todes. Wer ertrank, galt als unschuldig, war aber leider tot.

Verhört wurde in drei Phasen: Den Delinquentinnen wurde »gütlich zugeredet«, dann wurde eine härtere Gangart eingeschlagen. Bereits hinter dem Terminus der »leichten Befragung« konnte sich schon Folter verbergen. In der Diözese Konstanz gestand eine Hexe, einen Hagelsturm herbeigezaubert zu haben, nachdem man sie »nur« an den Daumen ein kleines Stück über dem Boden aufgehängt hatte. Dem Protokoll nach handelte es sich dabei um die »allerleichteste Befragung«. Dann wurden die Folterinstrumente gezeigt und ihre Wirkungsweisen genau und anschaulich erklärt. Schließlich kamen die Marterwerkzeuge zum Einsatz.

Bei »normalen Verbrechen« durfte eigentlich nur eine Stunde lang gefoltert werden. Allerdings sah man das Verbrechen der Hexerei als ein »Ausnahmeverbrechen« an, für das diese »milde« Beschränkung eben nicht galt. Weit verbreitet war – auf dem Papier – die Vorschrift, dass eine verdächtige Person »nur« drei Mal hätte gefoltert werden dürfen. Der »Hexenhammer« legte allerdings den frommen Folterknechten eine einfache Umgehung dieser Vorschrift nahe. Jede weitere Folter wurde eben nicht als neuerliche Tortur, sondern lediglich als Fortsetzung angesehen.

Die Hexenjäger argumentierten aber nicht mit Gott, sondern mit dem Teufel. Wer die Tortur der Wasserprobe überlebte, musste mit Satan im Bunde sein. Damit war der arme Mensch als Hexe überführt. Und wenn die verdächtigte Person keine Hexe war? Unschuldig war, wer ertrank. Der Unschuldige wurde tot aus dem Wasser gezogen, der Schuldige überlebte, wurde gefoltert und verbrannt. Der Glaube an einen gütigen Gott muss bei den Hexenjägern sehr schwach gewesen sein. Offenbar traute man dem Teufel mehr zu als Gott.

Ausgeklügelte Foltermethoden ließen so gut wie jedes Opfer der Hexenjäger gestehen. Ein Geständnis aber genügte den Peinigern nicht. Es mussten auch noch möglichst viele Namen von anderen Hexen verraten werden, die dann ebenfalls gefangen, gepeinigt und getötet wurden. Und die man wiederum mit brachialer Gewalt dazu zwang, weitere Menschen als Hexen zu beschuldigen. Der Theologe Walter Nigg schreibt in seinem Werk »Das Buch der Ketzer« (Zürich 1970, S. 279): »Manche Frauen haben unter diesen unbeschreiblichen Peinigungen in einem unzurechnungsfähigen Zustand ihre eigene Mutter oder Tochter als Mithexe angegeben, einzig aus dem Wunsch, die Tortur damit abzubrechen.«

Der Übergang vom Gemetzel der Inquisition zur Hexenverfolgung war fließend. Wer »falsche Lehren« verkündete, musste mit grausamem Tod rechnen. Und Institoris und Sprenger verkündeten in ihrem »Hexenhammer«: Wer nicht an Hexen glaubt, ist einer der schlimmsten Ketzer.

Damit war eine einst gültige theologische Lehrmeinung in ihr genaues Gegenteil verwandelt worden. Im Jahr 785 hatte das Konzil von Paderborn nicht den Zweifel, sondern den Glauben an Hexen unter Strafe gestellt. Wer gar Hexen zu verfolgen wagte, musste mit seiner Verurteilung rechnen. Galt damals doch der Glaube an Hexen und ihre angebliche Macht als heidnischer Glaube, der im Christentum keinen Platz finden dürfe. So wurde in Paderborn gedroht: »Wer vom Teufel verblendet nach Weise der Heiden glaubt, es sei jemand eine Hexe, und diese Person deshalb verbrennt oder ihr Fleisch durch andere essen lässt, der soll mit dem Tode bestraft werden.«

Im Lauf der Jahrhunderte wendete sich das Blatt. Im 13. Jahrhundert muss es bereits heftige Kämpfe gegen das »Hexenwesen« gegeben haben. Dem Papst Alexander IV. allerdings war die Ausrottung möglichst vieler vermeintlicher Irrlehrer wichtiger. Sie gefährdeten seiner Meinung nach die Kirche wesentlich stärker als noch so begabte Hexen. Deshalb hatte die Inquisition Vorrang. Dennoch wurden immer wieder Hexen verfolgt, vermeintliche Ketzer nach Ansicht des Heiligen Vaters nicht konsequent genug bekämpft. Am 20. Januar 1260 erteilte der Papst die Anweisung an die Inquisitoren, Hexen nicht von sich aus zu verfolgen. Erst wenn jemand der Hexerei angezeigt wurde, sollten sie zur Tat schreiten und Verhaftungen vornehmen.

Kleine Eiszeit, Pest und Hexenwahn

Zu Beginn des 14. Jahrhunderts gab es einschneidende Klimaveränderungen: Die »kleine Eiszeit« brach aus. Sehr kalte und regnerische Phasen führten zu extremen Einbrüchen bei den Ernten. Hungersnöte waren die Folge. Viele Menschen verhungerten, und die Überlebenden waren vom Mangel so geschwächt, dass ihre Widerstandskraft sank. Es kam zu Pestepidemien, die unsägliches Leid über Europa brachten. In England fielen 60 Prozent der Bevölkerung der Pest zum Opfer. Das Massensterben der Menschen stürzte Europa auch in eine ökonomische Krise, die auch die verwöhnten Besitzenden zu spüren bekamen. Was nützten dem weltlichen Adel oder der kirchlichen Oberklasse noch so große Besitztümer, wenn es kaum noch Menschen gab, die sie bewirtschaften konnten?

Kleine Eiszeit und Pest rafften die Menschen in unvorstellbarem Maße dahin. Damit gerieten die reichen Besitzenden aus Adel und Kirche in große Bedrängnis, denn ihnen fehlten die Arbeitskräfte, die ihnen Wohlstand bescherten. Es musste Abhilfe geschaffen werden: Die Bevölkerung musste wieder anwachsen, und das so schnell wie möglich. Es mussten wieder möglichst viele Kinder gezeugt und geboren werden. Als oberste Christenpflicht der Frau galt es dann wieder, möglichst viele Kinder in die Welt zu setzen.

Martin Luther brachte zwar den Ablasshandel der katholischen Kirche zu Fall, die Frauenverachtung bedeutsamer katholischer Theologen aber teilte er: »Die größte Ehre, die das Weib hat, ist allzumal, dass die Männer durch sie geboren werden.« Als Gebärmaschinen hatten nach Luther Frauen zu dienen: »Ob sie sich aber auch müde und zuletzt todt tragen, das schadet nichts, lass' sie nur todt tragen, sie sind darumb da.«

Es ging um eine gewünschte Bevölkerungsexplosion, nicht um Wohl und Wehe von Frauen. Und so prangerten die ersten Hexenverfolger die Dominikanermönche Jakob Sprenger und Heinrich Institoris in ihrem »Hexenhammer« die Hebammen als besonders empfänglich für das Wirken des Teufels an.

Nach wie vor hält sich der Aberglaube, dass die Hexenprozesse eine Ausgeburt krankhafter Hirne des »finsteren Mittelalters« waren. Und gern wird Luther als strahlende Lichtgestalt gesehen, mit der die Neuzeit begann. Tatsache ist aber, dass die meisten Hexen nicht im Mittelalter auf grausame Weise gemartert und zu Tode gebracht wurden, sondern in der so positiv benannten Neuzeit. Und Martin Luther, der Reformator des christlichen Glaubens, unterschied sich in seinem abergläubischen Denken in keiner Weise von seinen katholischen Kollegen, wenn es um die Ermordung von Hexen ging. Am 6. Mai 1526 predigte Luther zum Bibelwort (2. Buch Mose, Kapitel 22, Vers 17): »Die Zauberinnen sollst du nicht am Leben lassen.«

Luther erklärt: »Es ist ein überaus gerechtes Gesetz, dass die Zauberinnen getötet werden, denn sie richten viel Schaden an, was bisweilen ignoriert wird, sie können nämlich Milch, Butter und alles aus einem Haus stehlen ... Sie können ein Kind verzaubern ... Auch können sie geheimnisvolle Krankheiten im menschlichen Knie erzeugen, dass der Körper verzehrt wird ... Schaden fügen sie nämlich an Körpern und Seelen zu, sie verabreichen Tränke und Beschwörungen, um Hass hervorzurufen, Liebe, Unwetter, alle Verwüstungen im Haus, auf dem Acker, über eine Entfernung von einer Meile und mehr machen sie mit ihren Zauberpfeilen Hinkende, dass niemand heilen kann ... Die Zauberinnen sollen getötet werden, weil sie Diebe sind, Ehebrecher, Räuber, Mörder ... Sie schaden mannigfaltig. Also sollen sie getötet werden, nicht allein weil sie schaden, sondern auch, weil sie Umgang mit dem Satan haben.«

Schaudernd wendet man sich ab, wenn Martin Luther über die Hexen fabuliert: »Die Zauberer oder Hexen, das sind die bösen Teufelshuren, die da Milch stehlen, Wetter machen, auf Böcken und Besen reiten, auf Mänteln fahren, die Leute schießen, lähmen, verdorren, die Kinder in der Wiege martern, die ehelichen Gliedmaßen bezaubern … die da können den Dingen eine andere Gestalt geben, dass eine Kuh oder Ochs scheinet, das in Wahrheit ein Mensch ist, und die Leute zur Liebe und Buhlschaft zwingen, und des Teufels Dinge viel.«

Wie konnte Luther, der bedeutsame Theologe und Reformator, so einen abergläubischen Unsinn über Hexen und ihre angeblichen Fähigkeiten in die Welt setzen? Warum sind Luther, der gern selbst Hexen verbrannt hätte, nicht eklatante Widersprüche zwischen Hexenglauben und Realität aufgefallen?

Den Hexen wurde nachgesagt, dass sie mit Zauberkräften und vom Teufel unterstützt Reichtümer anhäufen konnten. Warum lebten dann sehr viele Hexen in ärmlichsten Verhältnissen? Den Hexen wurde unterstellt, dass sie mit Hilfe von Magie und ihrem Verbündeten, dem Teufel, Gebäude zum Einstürzen, Unwetter entfachen, Gesunde krank machen oder töten konnten. Wenn Hexen wirklich zaubern konnten, warum haben sie sich dann nicht mit Magie aus ihrer misslichen Situation befreit? Warum ließen sie sich grausam quälen und zu Tode martern, wenn sie mit Zauberei doch hätten entkommen können?

Luthers heute primitiv wirkende Gedanken über Hexen verraten eine zutiefst frauenfeindliche Haltung. Wer alte Protokolle von Hexenprozessen studiert, erkennt einen pathologischen Hass der beteiligten Geistlichen. Sie haben wohl das Ziel ihrer verbotenen Sehnsüchte mit geradezu krankhaftem Sadismus verfolgt. Die vermutlich letzte Hexe wurde im Jahre 1836 von Fischern auf der Halbinsel Hela ermordet. Nachdem sie bei der Wasserprobe am Leben blieb, wurde sie ertränkt.

Wie war es möglich, dass über Jahrhunderte hinweg Frauen als Hexen verdächtigt, beschuldigt, gemartert und umgebracht wurden?

Steckt hinter dem logisch nicht begründbaren Hexenwahn mehr als krankhafter Frauenhass? Waren die Hexenprozesse letztlich Teil der Jahrtausende währenden Bekämpfung des Matriarchats? Darauf deutet eine alte Bezeichnung für Hexe hin. In Italien nannte man sie Janara, nach der Göttin Jana oder Juno. Juno wurde ursprünglich mit der griechischen Hera gleichgesetzt und galt als die Verkörperung der Lebenskraft. Erst später wurde sie zur Gemahlin Jupiters degradiert.

Ein ähnlich bedeutsamer Hinweis kommt aus England: Bis ins Mittelalter hinein sprachen dort weibliche Clanoberhäupter nach uraltem matriarchalischem Brauch Recht. In der »Magna Carta« von Chester heißen sie »iudices de wich« – Hexenrichterinnen.

Wiederholt sich im Verlauf vieler Jahrtausende die Geschichte von Gott? Wird die allmächtige Göttin vom männlichen Gott verdrängt, der selbst irgendwann wieder der Göttin weichen muss? Ist die Geschichte von Gott eine endlose, die sich im Unendlichen der Zeit immer wieder wiederholt?

7. Wie viele Chancen hat der Mensch?

Im Matriarchat glaubte man an den ewigen Kreislauf des Lebens. Judentum, Christentum und Islam propagierten die einmalige Chance jedes Menschen: Wer nach den göttlichen Vorschriften lebt, kommt nach dem Weltuntergang ins Paradies. Doch der Weltuntergang blieb zu Jesu Zeiten aus. Er wurde immer wieder neu berechnet und verschoben.

In der Religion des Patriarchats wird dem Menschen nur ein Leben, nur eine Chance auf ein glückliches Leben im Jenseits zugebilligt. Diese Theologie macht den Klerus mächtig, weil angeblich nur er den Gläubigen den Weg ins Paradies weisen kann. Hinduismus und Buddhismus versprechen dem Menschen unzählige Chancen, sich zu bewähren und irgendwann einmal aus eigener Kraft ins göttliche Nirwana einzugehen. Kein Teufel führt in Versuchung, kein Gott belohnt oder straft: Jeder Mensch wählt seinen Weg selbst. Der Weltuntergang wird zur grenzenlosen Verschmelzung mit dem Unendlichen.

Vom ewigen Kreislauf zum Weltuntergang

Im Zentrum uralter matriarchalischer Religionen stand der ewige, endlose Kreislauf des Geborenwerdens, Lebens, Vergehens, Sterbens und neuerlichen Entstehens. Für Mensch, Tier und Natur galt das Geheimnis der ewigen Wiederkehr: So wie ein Lebewesen geboren wird und größer wird, so beginnt im Frühjahr die Natur mit dem Wachstum. So wie ein Lebewesen stärker wird und schließlich in den mittleren Jahren seinen Zenit erreicht, so strotzt die Natur im Sommer vor Kraft. Es folgt der Herbst, für Mensch, Tier und Pflanze. Im Winter erstarrt die Natur, um im folgenden Frühjahr neu zu erstehen.

Doch wenn zum Beispiel Pflanzen Jahr für Jahr im Winter »absterben«, um im Frühling neu »geboren« zu werden, müsste es sich dann mit Mensch und Tier nicht ebenso verhalten? Der Gedanke an eine Wiederkehr von Mensch und Tier nach dem Tode drängt sich jedem förmlich auf, der den ewigen Kreislauf der Natur beobachtet.

Es gibt nach diesem Denken also eine ewige Wiederholung, eine ewige Wiederkehr. Dieser Kreislauf darf nicht gestört werden, damit die Natur nicht eines Tages im Todesschlaf des Winters erstarrt. Religionen neigen zu magischen Riten, um Einfluss auf die Wirklichkeit zu nehmen: In matriarchalischen Kulturen wurde die heilige Hochzeit vollzogen. Sie wurde vermutlich unzählige Jahrtausende lang weltweit zelebriert. Ihre unterschiedlichen Varianten lassen sich als unterschiedliche Versionen ein und derselben Geschichte identifizieren: Die Göttin vollzieht mit ihrem Auserwählten das Ritual der heiligen Hochzeit. Auf die Liebe folgt der Tod. Der Bräutigam wird getötet (geopfert?) und steigt in das Totenreich hinab. Die trauernde himmlische Göttin folgt ihm, um ihn aus den Klauen der Toten zu befreien. Durch den Vollzug des Ritus sollte gewährleistet bleiben, dass die im Winter erstarrte, tote Natur im Frühjahr zu neuem Leben erwachte.

Dieses uralte, heidnische Ritual findet sich andeutungsweise auch im Neuen Testament – mit Maria Magdalena als der Göttin und Jesus als ihrem Partner, der sterben musste, um wieder zu neuem Leben zu erwachen. Maria Magdalena salbt Jesus, feiert mit ihm die heilige Hochzeit. Jesus wird gekreuzigt und stirbt. Maria Magdalena folgt ihm in die Grabeshöhle. Sie findet zu ihrer großen Freude ihren Bräutigam lebend. Er ist aus dem Reich der Toten zurückgekehrt.

In matriarchalischen Religionen stand die Natur im Mittelpunkt, die nach dem Erstarren immer wieder neu belebt werden musste. Nur dann konnte das Leben auf der Erde fortbestehen. Dieses Denken förderte einen pfleglichen Umgang mit der Umwelt. Der Kreislauf von Werden, Vergehen und neuerlichem Werden sollte ja nicht gestört werden. Eine Natur, die beschädigt wird, kann womöglich nach der Winterstarre nicht zu neuem Leben erwachen.

Im Zentrum des Interesses stand das Leben insgesamt, nicht das Individuum. Die Natur sollte auch morgen und übermorgen künftigen Generationen ein gutes Leben gewährleisten. Dieses Prinzip der Nachhaltigkeit war das zentrale Merkmal der matriarchalischen Ordnung. Da sich der Kreislauf des Lebens immer wieder bis ins Unendliche wiederholte, musste dafür Sorge getragen werden, dass auch in fernster Zukunft ein Leben im Einklang mit der Natur möglich war. Darin bestand die Chance für die Menschen von morgen: Im vernünftigen Umgang mit Natur und Umwelt muss der ewige Kreislauf des Lebens ermöglicht werden.

Patriarchalische Religionen wechselten die weitaus älteren mutterrechtlichen Vorgängerinnen ab. Es kam dabei zu einem ganz entscheidenden Wechsel in den wichtigen Glaubensvorstellungen: An die Stelle des ewigen Kreislaufs trat ein neues Konzept. Es gibt nicht mehr die ewige, sich ständig wiederholende Erneuerung. Die neue Geschichte hat einen Anfang und ein Ende.

Es wird ein einmaliger Anfang angesetzt, an dem das Leben beginnt. Und das Leben bewegt sich auf das einmalige Ende zu. Ein männlicher Gott erschafft die Welt. Der

Mensch erhält konkrete göttliche Vorschriften, die er befolgen muss, um dereinst Gnade vor Gott zu finden. Der Mensch stirbt. Am Ende der Zeiten findet er sich dann vor einem göttlichen Gericht wieder. Je nachdem wie er gelebt hat, wird er belohnt oder bestraft. Jeder Mensch hat in diesem Weltbild patriarchalischer Religionen nur eine Chance. Nutzt er sie und lebt nach den Vorschriften seiner Religion, dann erwartet ihn nach dem Jüngsten Gericht der Himmel, andernfalls die Hölle.

Es fällt auf, dass die großen patriarchalischen Religionen – Judentum, Christentum und Islam – alle von dem bald bevorstehenden Gericht über die Menschheit überzeugt waren. War das ein Trick der Religionsgründer? Sollte die Ankündigung des nahen Endes erzieherisch wirken? Wer davon ausgeht, dass er schon sehr bald Rechenschaft ablegen muss, ist mehr darum bemüht, die göttlichen Vorschriften einzuhalten. Wer hingegen von einem Kreislauf des Lebens ausgeht, kann hingegen hoffen, in einem künftigen Leben alte Schuld abzutragen, um so einer Bestrafung zu entgehen.

Wer vom nahen Weltuntergang überzeugt ist, legt keinen Wert auf Nachhaltigkeit. Warum soll man schonend mit der Natur umgehen, um künftigen Generationen die Lebensgrundlagen auf Erden zu erhalten, wenn sie die gar nicht mehr brauchen, wenn es gar keine irdische Zukunft mehr gibt? Niemand muss sich über ein menschliches, menschenwürdiges Dasein ohne Not auf der Erde von übermorgen Gedanken machen, wenn die Welt vielleicht schon am gleichen Abend, spätestens aber am folgenden Tag aufhört zu existieren?

Wann genau das Judentum die Vorstellung vom Weltende aufgegriffen hat, lässt sich nicht mehr bestimmt sagen. Sehr viel ältere indische Überlieferungen gingen noch von einem alternden Universum aus, das nach und nach dahinsiechte, um schließlich zu sterben. Dem Judentum war ein in diesem Sinn »lebendes Universum« völlig fremd. Es war ein von Gott geschaffenes Produkt, ein riesiger Garten allenfalls, aber doch nichts Lebendes. Im Iran kombinierte man das Ende der Zeit mit dem Auftauchen einer Erlösergestalt: Zarathustra würde erscheinen und zwischen Gut und Böse unterscheiden. Mit anderen Worten: Am Jüngsten Tag trennt sich die Spreu vom Weizen. Es wird sozusagen »amtlich« festgestellt, wer nach den göttlichen Regeln gelebt hat und wer ihnen nicht folgte, also falsch lebte.

Wer die Geschichte von Gott studiert, wird immer wieder die menschliche Neigung zu Rechthaberei entdecken. Wie es scheint, rechnen Rechthaber gern ihren Mitmenschen etwas vor. Jeder behauptet, ganz genau den Schöpfungsplan zu kennen, und schnell sind Andersdenkende Ketzer. Und so mancher, der sich als Kenner göttlichen Wissens sieht, fühlt sich dazu berufen, die himmlischen Ereignisse aufs Jahr genau vorherzuberechnen. Da der Weltuntergang nach der Weltenschöpfung wohl der wichtigste Termin überhaupt sein dürfte, galt es, eben jenen Endpunkt so exakt wie möglich zu eruieren. Vielleicht hat die religiöse Rechnerei aus einem anderen Grund einen hohen Stellenwert bei vielen Theologen: Vielleicht möchten sie aus Angst vor dem unfassbaren Göttlichen das Unbegreifliche irgendwie kalkulierbar machen?

Jesus, Johannes der Täufer und immer neue Termine für die Apokalypse

Wenn heute immer noch von Theologen oder Esoterikern exakte Termine für das Ende unserer Welt genannt werden, kann man mit Ruhe abwarten. Die Geschichte von Gott zeigt, dass im Verlauf der letzten beiden Jahrtausende schon recht viele »ganz sichere« Termine für die Apokalypse dann doch ganz normale Tage ohne besondere Vorkommnisse wurden. Wenn man etwas aus dieser Geschichte lernen kann, dann dies: Panikmache vor dem apokalyptischen Desaster muss man nicht ernst nehmen!

Johannes der Täufer predigte die gängige jüdische Lehre von der Endzeiterwartung (Evangelium nach Matthäus, Kapitel 3, Vers 2): »Tut Buße, denn das Himmelreich ist nahe herbeigekommen!« Einen Termin nannte er offenbar nicht. Zumindest ist uns in den Schriften des Neuen Testaments keiner hinterlassen worden.

Jesus konkretisierte die Aussage (Evangelium nach Matthäus, Kapitel 16, Vers 28): »Wahrlich, ich sage euch: Es stehen einige hier, die werden den Tod nicht schmecken, bis sie den Menschensohn kommen sehen in seinem Reich!« Fast wortgleich liest man diese Aussage bei Markus (Kapitel 9, Vers 1) und Lukas (Kapitel 9, Vers 27). Diese Worte lassen keinen Spielraum für abschwächende Interpretationen. Jesus lehrte eindeutig, dass die Endzeit, also das Gericht, innerhalb weniger Jahrzehnte ausbrechen würde. Viele Menschen würden es noch vor ihrem Tod erleben.

An anderer Stelle heißt es bei Lukas (Kapitel 21, Verse 31 und 32): »Wenn ihr seht, dass dies alles geschieht, so wisst, dass das Reich Gottes nahe ist. Wahrlich, ich sage euch: Dieses Geschlecht wird nicht vergehen, bis es alles geschieht.« Noch im Rahmen der Generation Jesu würde nach dieser Aussage der Endpunkt der Schöpfung erreicht werden. Später versuchten Theologen neu zu interpretieren: Jesus habe nicht eine Generation des jüdischen Volkes gemeint. Vielmehr sei er vom ewigen Bestehen des Judentums bis ans Ende der Zeit ausgegangen.

Unbestreitbar ist, dass Johannes der Täufer und Jesus davon ausgingen, dass das Gericht über die Welt unmittelbar bevorstand. Doch Johannes der Täufer und Jesus wurden hingerichtet – und das Leben verlief weiter in seinen gewohnten Bahnen, ohne dass es irgendwelche Hinweise auf die nahende Endzeit gab. So wurde der Tag des Gerichts immer wieder ein Stück weiter in die Zukunft verschoben. Man bediente sich dabei teilweise recht eigenwilliger Bibelauslegungen.

Hippolyt (etwa 160–235 n.Chr.), als »Gegenpapst« eine kontroverse Figur der Kirchengeschichte, legte das Jahr 500 n. Chr. als Termin des Gerichts fest. Seine Beweisführung mutet heute höchst kurios an. Hippolyt nahm nämlich die Maße der Bundeslade als »Prophezeiung«. Nach dem zweiten Buch Mose (Kapitel 25, Vers 10) gab Gott die exakten Maße der Lade vor. Sie war demnach zweieinhalb Ellen lang, anderthalb Ellen breit und anderthalb Ellen hoch. Zusammengezählt ergibt das fünfeinhalb Ellen. Hippolyt rechnete eine Elle in tausend Jahre um, kam so auf 5500 Jahre.

Nun hatte Hippolyt allerdings ein Problem: Um auf das Jahr 500 n. Chr. für das Jüngste Gericht zu kommen, fehlten ihm noch 500 Jahre. Die »fand« er im Evangelium nach Johannes. Dort heißt es (Kapitel 19, Vers 14), dass Jesus »zur sechsten Stunde« von Pilatus den Juden zur Kreuzigung übergeben wurde. Die sechste Stunde, so Hippolyt, verweise auf einen halben Tag. Da ein ganzer Tag vor Gott wie tausend Jahre für die Menschen sind, entspricht ein halber Tag vor Gott 500 Jahren bei den Menschen. Diese 500 Jahre addierte Hippolyt zu den 5500 Jahren, die er aus der Bundeslade ermittelt hatte. So kam auch er auf 6000 Jahre. Nun rechnete er vom Beginn der biblischen Schöpfung an 6000 Jahre weiter und gelangte so auf das Jahr 500 n. Chr.

Zum gleichen Endresultat kamen einige andere frühe Theologen des Christentums, allerdings auf anderem Wege. Auch sie verwiesen auf Psalm 90 (Vers 4): »Denn tausend Jahre sind vor dir (Gott) wie ein Tag, der gestern vergangen ist.« Nun brauchte Gott für die Vollendung der Schöpfung sechs Tage. Diese sechs Tage wurden als göttliche Tage angesehen und in 6000 Menschenjahre umgerechnet. Aus dem Schöpfungsbericht wurde eine Prophezeiung: Sechs Tage würde die wahre Vollendung der Schöpfung dauern, also vom Anbeginn der Schöpfung bis zum Gericht am Ende der Zeit.

Wann aber begann die göttliche Schöpfung Jahwes? Die biblischen Texte nennen keine Jahreszahlen, aber sie zählen in langwierigen Litaneien auf, wie alt Adam und Eva und seine zahlreichen Nachkommen wurden. Aus diesen Daten lässt sich herausrechnen, dass zwischen Beginn der »Weltschöpfung« und Christi Tod 5530 Jahre verstrichen sind. Die Gesamtschöpfung soll nach der Rechenthese nach 6000 Jahren mit dem Gericht abgeschlossen werden. Demnach dauert es von Christi Tod bis zum Ende der Welt noch 470 Jahre.

470 Jahre spielen an anderer Stelle der Bibel eine wichtige Rolle: Abraham bekam das Gelobte Land versprochen. Von dieser Ankündigung bis zum Einmarsch der Kinder Israels dauerte es 470 Jahre. Demnach würden, so wurde immer wieder behauptet, auch von Jesu Verkündigung des Gerichts bis zu seinem Beginn ebenfalls 470 Jahre verstreichen. Und genau diese 470 Jahre fehlten ja noch zur Vollendung der sechstausend Jahre. Langer Rechnung kurzer Sinn: Die Endzeit müsste demnach 470 Jahre nach der Kreuzigung ausbrechen, also um das Jahr 500 n. Chr. Bischof und Kirchenvater Hilarius von Poitiers (etwa 315–367 n. Chr.) machte sich diese Endzeittheorie zu eigen und kündigte das Strafgericht für das runde Jahr 500 n. Chr. an.

Auch das Jahr 500 n. Chr. verstrich, ohne dass es zum Weltuntergang mit Gericht kam. Immer neue Termine wurden berechnet. Wie willkürlich man dabei mit Zahlen umsprang, beweist eindrucksvoll Luthers Streitgefährte Philipp Melanchthon (1497–1560). Auch Melanchthon ging davon aus, dass vom ersten Tag der Schöpfung bis zum Gericht 6000 Jahre vergehen würden. Seiner Zählung nach waren aber anno 1532 erst 5640 Jahre verstrichen. Demnach hätte er das Jahr 1892 als Ende der Zeit ansetzen müssen. Da ihm dieser Termin in zu weiter Ferne lag, verkündete er, Gott werde diese letzte Frist verkürzen.

Dabei berief sich Melanchthon offenbar auf die Bibel. Heißt es doch in den Sprüchen Salomos (Kapitel 10, Vers 27): »Die Jahre der Gottlosen mindert er.« Und bei Matthäus wird doch noch deutlicher gesagt (Kapitel 24, Vers 22): »Aber um der Auserwählten willen werden die Tage verkürzt.« Das Jüngste Gericht stehe, so übereinstimmend Melanchthon und Luther, unmittelbar bevor. Nichts dergleichen jedoch geschah.

So sah sich der fränkische Reformator Andreas Osiander (1498–1552 n. Chr.) genötigt, wieder einen neuen Termin für das Weltende anzusetzen. Seine Rechnung war einfacher als die der meisten seiner Vorgänger: Nach biblischen Angaben setzte die Sintflut 1656 Jahre nach Adam ein. Der Weltuntergang, also eine neue Sintflut, müsse dann ebenfalls 1656 Jahre nach Christi Kreuzigung erfolgen. Da Jesus nach Osiander anno 32 hingerichtet wurde, würde die Welt 1688 n. Chr. untergehen. Auch diesen »letzten Termin« hat sie überstanden.

Knut Meinel fasst in seiner theologischen Arbeit »Jüdische, christliche und islamische Apokalyptik« zusammen, dass jüdisch-christliche Vorstellungen auf frühen religiösen Ideen basieren: »Der Weltenlauf ist in verschiedene Perioden aufgeteilt, in denen eine zunehmende Verschlechterung der Zustände zu beobachten ist (soziale Verwerfungen, Unruhen etc.). Am Ende dieses Prozesses kommt es zur endzeitlichen Katastrophe. Der notwendige Läuterungsprozess wird durch eine messianische Gestalt in Gang gesetzt. Der Läuterungsprozess beginnt mit einer allgemeinen Totenauferstehung der Natur/der Welt durch kosmische Katastrophen (Weltbrand, Erdbeben, Meteoriteneinschlag etc.). Dabei spielt das Feuer als reinigende Kraft eine herausragende Rolle. Die Menschheit wird in Gute und Böse getrennt. Dabei pflegen die ›Guten‹ die Läuterung durchs Feuer unbeschadet zu überstehen, während die ›Bösen‹ den Feuertod sterben.«

Für Jesus gab es keinen Zweifel: Die Geschichte des Universums hatte einen Anfang (Schöpfungsakt Gottes) und steuerte auf ein Ende zu. Sie entwickelte sich linear: Am Anfang »schuf Gott Himmel und die Erde«. Am Ende würde der Weltuntergang erfolgen, kombiniert mit dem »Jüngsten Gericht« (Evangelium nach Matthäus, Kapitel 25, Vers 31): »Wenn aber der Menschensohn kommen wird in seiner Herrlichkeit und alle Engel mit ihm, dann wird er sitzen auf dem Thron seiner Herrlichkeit!«

Ein ganz ähnliches Szenario entwickelt der Koran in einer seiner ursprünglichsten Suren. Wissenschaftler sehen Sure 74 (»Das Bedeckte«) als die zweitälteste Sure an. Vers 37 lautet: »Ein jeder wird für das aufkommen, was er vorausgeschickt (getan) hat.« Dann fragen die Rechtschaffenen die

Sünder, warum sie denn in die Hölle gekommen seien (Verse 41–46): »›Was hat euch nach Saqar gebracht?‹ Und sie sagen: ›Wir waren nicht bei denen, die beteten, noch speisten wir die Armen. Und wir ließen uns ein im Geschwätz mit den Schwätzern. Und wir pflegten den Tag des Gerichts zu leugnen, bis der Tod uns ereilte.‹«

Die Übersetzung von Saqar mit Hölle wird in Kreisen muslimischer Schriftkundiger teilweise heftig diskutiert. Sie lehnen es ab, den Terminus sozusagen mit christlichen Augen zu sehen. Aber nach allen gängigen Übersetzungen drängt sich ein Vergleich von Saqar mit den christlichen Höllenvorstellungen auf. So heißt es in Sure 74 (Vers 26): »Bald werde ich ihn (den sündigen Menschen) in Saqar brennen lassen.«

Das christliche Höllenbild hat sich erst im Laufe der Zeit entwickelt. Im vierten Buch Mose taucht eine Schilderung auf, aus der sich unser heutiges Höllenbild entwickelt haben mag. Im 16. Kapitel wird beschrieben, wie sich ein Aufständischer, ein gewisser Korach, gegen Moses und Aaron erhebt. Jahwe selbst verbannt ihn zusammen mit seinen 250 Anhängern in die wirklich ungastliche Welt im Schlund unter der Erde. Die Erde, so lesen wir im vierten Buch Mose (Kapitel 16, Verse 32–34), zerriss »und tat ihren Mund auf und verschlang sie mit ihren Sippen, mit allen Menschen, die zu Korach gehörten, und alle mit ihrer Habe. Und sie fuhren lebendig zu den Toten hinunter mit allem, was sie hatten, und die Erde deckte sie zu … Und ganz Israel, das um sie war, floh vor ihrem Geschrei; denn sie dachten: Dass uns die Erde nicht verschlinge.«

Wirklich »höllisch« wird es nach unserem Verständnis erst in Vers 35: »Und Feuer fuhr aus dem Herrn und fraß die 250 Männer.« So könnte das Feuer ins Bild von der biblischen

Hölle gelangt sein. Ein Feuerpfuhl, in dem die Sünder gemartert werden, ist fester Bestandteil christlichen Glaubens, aber nicht der ältesten biblischen Vorstellungen. Demnach lebten die Toten in einer Eishölle in Dunkelheit.

Mohammed begann seine öffentliche Lehrtätigkeit 612 n. Chr. Bis 622 ermahnte er seine Zuhörer, ans baldige Ende zu denken. Er forderte sie zu Wohltätigkeit und Buße auf. Sie sollten bereuen, wenn sie unmenschlich gehandelt hatten, da sie doch schon in Kürze vor göttlichem Gericht stehen würden. Allah, dem die Menschen nach Mohammed vollkommene Unterwerfung schulden, würde strafen oder belohnen, je nach Lebenswandel. Die Lehre vom baldigen Gericht verkündete Mohammed später nicht mehr, denn dann ging es ihm verstärkt um die Verbreitung des Glaubens an Allah, um Missionierung.

Mohammed wollte im Auftrag Allahs den Islam über die Welt verbreiten. Das tat er als geschickter Feldherr und Stratege. Ein unmittelbar bevorstehendes Weltende hätte eine groß angelegte Missionierung als nur bedingt sinnvoll erscheinen lassen. Vom unmittelbar bevorstehenden Weltende war bald nichts mehr zu hören. Keinen Zweifel aber gab es an der Auferstehung der Toten, dereinst in der Zukunft (Sure 30, Vers 40): »Allah ist es, der euch erschaffen hat, und dann hat Er euch versorgt; dann wird Er euch sterben lassen, und dann wird Er euch wieder lebendig machen. Ist etwa unter euren Göttern einer, der davon etwas vollbringen könnte?«

Der Koran beschreibt das paradiesische Jenseits fast wie ein Schlaraffenland (Sure 56, 12.15–26): »In den Gärten der Wonne ... Auf Polstern, die mit Gold durchwoben sind, lehnen sie auf diesen einander gegenüber. Bedient werden sie von Jünglingen, die nicht altern, mit Bechern und Krügen aus einer fließenden Quelle. Keinen Kopfschmerz werden sie davon bekommen, noch wird ihnen das Bewusstsein schwinden. Und Früchte, die sie sich wünschen, und Fleisch vom Geflügel, das sie begehren, und Huris, wohlbehüteten Perlen gleich, werden sie erhalten als Belohnung für das, was sie zu tun pflegten. Sie werden dort kein leeres Gerede noch Anschuldigung der Sünde hören, nur das Wort ›Frieden, Frieden!‹«

So patriarchalisch, wie der Koran oft auch anmutet, lässt er doch keinen Zweifel daran aufkommen, wer nach dem göttlichen Gericht ins Paradies einziehen darf! Wer nach dem Koran lebt, dem steht nach dem Koran der Weg ins himmlische Eden offen (33. Sure, Vers 35): »Wahrlich, die muslimischen Männer und die muslimischen Frauen, die gläubigen Männer und die gläubigen Frauen, die gehorsamen Männer und die gehorsamen Frauen, die wahrhaftigen Männer und die wahrhaftigen Frauen, die geduldigen Männer und die geduldigen Frauen, die demütigen Männer und die demütigen Frauen, die Männer, die Almosen geben, und die Frauen, die Almosen geben, die Männer, die fasten, und die Frauen, die fasten, die Männer, die ihre Keuschheit wahren, und die Frauen, die ihre Keuschheit wahren, die Männer, die Allahs häufig gedenken, und die Frauen, die Allahs häufig gedenken – Allah hat ihnen allen Vergebung und großen Lohn bereitet.«

Nicht minder deutlich ist der Koran an anderer Stelle (3. Sure, Vers 195): »Da erhörte sie ihr Herr und sprach: ›Wahrlich, ich lasse kein Werk der Wirkenden unter euch verloren gehen, sei es von Mann oder Frau.« Eindeutig ist auch die 4. Sure in ihrer Aussage (Vers 124): »Diejenigen aber, die handeln, wie es recht ist – sei es Mann oder Frau – und dabei gläubig sind, werden ins Paradies eingehen und nicht im geringsten Unrecht erleiden.«

Die Gleichstellung von Mann und Frau im Koran wurde allerdings, so belegt es Dr. Muhammad Muhsin Khan, durch Auslegung und Interpretation wieder stark relativiert. Nach dem »Book of Menses« wird die Hölle hauptsächlich von Frauen bevölkert. Da wimmelt es förmlich von Frauen, Männer sieht man seltener. In dem von Dr. Khan herausgegebenen theologischen Werk wird der »Gesandte Gottes« gefragt, warum das so sei.

Er antwortete: »›Ihr sprecht häufig Verwünschungen aus, und ihr seid undankbar gegen eure Ehemänner. Ich kenne niemand, der von seiner Intelligenz her und seiner Religionsausübung noch unzulänglicher wäre als ihr (ihr seid die Schwächsten von eurer Intelligenz und Religionsausübung her). Ein bedächtiger, empfindsamer Mann kann von einer Frau leicht in die Irre geführt werden.‹ Die Frauen fragten: ›O Gesandter Gottes! Warum ist unsere Intelligenz und Religionsausübung so unzulänglich?‹ Er antwortete: ›Liegt nicht der Beweis darin, dass das Zeugnis zweier Frauen das eines Mannes aufwiegt?‹ Sie bejahten. Er sprach: ›Darin wird euer Mangel in der Intelligenz deutlich. Und stimmt es etwa nicht: Eine Frau kann während ihrer Menstruation weder beten noch fasten?‹ Die Frauen bejahten. Er fuhr fort: ›Daraus wird eure unzulängliche Religionsausübung sichtbar.‹«

Die muslimische Tradition wagt es aus einsichtigen Gründen nicht, dem Koran zu widersprechen. Schließlich wurde er dem Propheten Mohammed durch den Engel von Allah vermittelt. Die Grundaussage des Korans behält ihre Gültigkeit. Selbstverständlich können Mann und Frau beide in den Himmel kommen, zumindest in der Theorie: nämlich bei gleicher Frömmigkeit und gleicher Ausübung des Glaubens. Es wird aber bestritten, dass Frauen im gleichen Umfang wie Männer »richtig« glauben können, da sie ja angeblich dümmer und schwächer in der Religionsausübung sind. Und deshalb sind eben viele Frauen in der Hölle.

Christentum und Islam ähneln einander mehr, als das so manchem radikalen Fundamentalisten auf beiden Seiten recht sein mag: Der Mensch lebt, stirbt und wird entsprechend seinem Lebenswandel belohnt oder bestraft. Der Böse kommt in die »Hölle«, der Gute in den paradiesischen Himmel. Wer wohin kommt, hängt vom göttlichen Richterspruch ab. Wer erlöst werden möchte vom oft schweren Erdendasein und auf eine paradiesische Zukunft hofft, der muss nach dieser Vorstellung nach den göttlichen Geboten leben. Der kann dann getrost dem Jüngsten Tag entgegensehen.

Nach der Lehre des Islam leitet der Antichrist ad-Daggal in die Irre. Jesus tötet den Versucher. Ein Trompetenstoß ertönt. Alle Lebenden sterben. Ein zweiter Trompetenstoß lässt alles Tote auferstehen. Alle warten in der Gegenwart Gottes, der schließlich über jeden richtet. Je nachdem, wie das Urteil ausfällt, kommt man ins Paradies oder zunächst in die Hölle. Der Aufenthalt in der Hölle ist zeitlich begrenzt, das glückliche Dasein im Paradies aber währt ewig.

Anders als im Islam entwickelte das Judentum keine einheitliche Lehre von der Zeit nach dem Sterben. Weit verbreitet war der Glaube, dass Leib und Seele sterben. Nach der Wiederkehr des Messias werden dann Leib und Seele wieder belebt, »die einen zum ewigen Leben, die anderen zu ewiger Schmach und Schande« (Daniel, Kapitel 12, Vers 2). Die Vorstellung eines göttlichen Gerichts entwickelte sich erst allmählich nach der babylonischen Gefangenschaft. Strittig blieb zwischen den unterschiedlichen Schulen, ob denn alle Menschen von den Toten auferweckt würden oder nur jene, mit denen Gott seinen Bund geschlossen hatte.

Zu Jesu Zeiten leugnete die herrschende Priesterklasse die

Auferstehung, die Pharisäer hingegen waren davon überzeugt. Ein auch nur vorübergehender Tod der Seele war nach einer alternativen jüdischen Theologie geradezu blasphemisch. Hatte doch Gott selbst den menschlichen Leib aus Lehm geformt und ihm die Seele eingehaucht, wie es bei Mose schon im ersten Buch (Kapitel 2, Vers 7) beschrieben wird. Nur der irdische Teil des Menschen, sein Leib, kann nach dieser Auffassung sterben. Er zerfällt wieder zu Erde. Die Seele aber vergeht nicht, sie kehrt zu Gott zurück, wie es der Prediger Salomo beschreibt (Kapitel 12, Vers 7): »Denn der Staub muss wieder zur Erde kommen, wie er gewesen ist, und der Geist wieder zu Gott, der ihn gegeben hat.«

Es entwickelten sich im Judentum also zwei Lehrmeinungen: Die eine geht von einer Auferweckung der Toten mit anschließendem Gericht aus. Die andere kommt ohne Verurteilung oder Freispruch für die Menschen im Jenseits aus. Die leibliche Hülle zerfällt wieder, die Seele kehrt als göttlicher Anteil zu Gott zurück. Von diesem Denken ausgehend hätte sich ein ganz anderes Christentum entwickeln können: ohne Jüngstes Gericht am Ende der Zeit. Die Menschen des »christlichen Abendlandes« sind wie die Muslime stark auf ein Glaubensbild fixiert, bei dem Bestrafung und Belohnung durch Gott eine zentrale Rolle spielen. Dabei lehrt die Beschäftigung mit der Geschichte von Gott, dass es auch noch eine ganz andere Vorstellung von »Erlösung« gibt: ohne allmächtigen Richter und – überspitzt ausgedrückt – ohne Gott.

Christentum wie Islam räumen als patriarchalische Religionen jedem Menschen nur eine Chance ein. Versagt er, dann muss er in der Hölle schmoren. Diese religiöse Sicht der Dinge lässt den Klerus mächtig werden. Die Geistlichkeit beansprucht für sich die Position des einzigen Vermittlers, der den Gläubigen zu Heil und ewigem Leben verhelfen kann. Nur die Geistlichkeit vermag nach diesem Weltbild dem Gläubigen den rechten Weg ins Paradies zu weisen. Dieser Anspruch erhob letztlich den Klerus zum Vermittler vom einzig wahren Leben, an dessen Ende das Paradies wartet. So wurde die christliche Kirche für viele Jahrhunderte zum Marionettenspieler, der die weltlichen Regenten nach seinem Willen tanzen ließ.

In der Geschichte von Gott wird eine zweite, grundsätzlich andere Religion verzeichnet. Im Zentrum dieses gänzlich anderen Glaubens steht die Lehre von der Wiedergeburt, nach der jeder Mensch nicht eine, sondern beliebig viele Chancen erhält, um ins Paradies zu gelangen. Irgendwann konnte jeder Mensch »ewiges Leben« erlangen, das sich allerdings vollkommen vom Jenseits unterscheidet, wie es von Christentum, Islam und Judentum gelehrt wird.

Hinduismus und Wiedergeburt

Unklar ist der historische Ursprung des Hinduismus. Wurde diese uralte Religion im dritten Jahrtausend von Einwanderern aus Europa nach Indien gebracht? Oder wurde sie von dunkelhäutigen Drawiden aus dem Süden Indiens gegründet? Vielleicht gab es aber eine Vermengung der Glaubensvorstellung der Drawiden und der europäischen Einwanderer? Flossen so die religiösen Gedanken zweier Welten in eine neue Religion ein? Ja, ist der Hinduismus letztlich gar keine Religion im herkömmlichen Sinn, sondern eine Philosophie, die in keinem Widerspruch zu allen Religionen steht? Wirklich sicher ist nur, dass der Name »Hindu« auf das Sanskritwort »Sindhu« als den indischen Namen für den großen Indusfluss zurückgeht.

Der Hinduismus ist so vielfältig in seinen Formen, dass fast nicht von einer theologischen Lehre gesprochen werden kann. Er hat sich wie alle Religionen entwickelt und verändert. Im Alten Testament erinnern die Elohim, zu Deutsch die Götter, an den einstigen Vielgottglauben. Durch unsere Übersetzungen sind sie aus den biblischen Texten verschwunden. Richtig ins Deutsche übertragen, müsste der erste Satz des Alten Testaments lauten: »Am Anfang schuf (Einzahl) die Götter (Mehrzahl) die Himmel (Mehrzahl) und die Erde.« Auch im Hinduismus glaubten die Menschen ursprünglich an eine Vielzahl von Göttern. Man kann sie am ehesten mit mächtigen Heiligen des Christentums vergleichen, die man anrufen und um Hilfe bitten darf. Diese Götter traten aber nach und nach in den Hintergrund.

In den ältesten indischen Überlieferungen wirkten Götter als personifizierte Naturkräfte. Von echtem Vielgottglauben kann aber nicht die Rede sein. Letztlich waren alle Götter unterschiedliche Gestaltungen des höchsten Göttlichen, letztlich also des Geistes, der alles Sein durchweht, der Weltseele, in die jeder gläubige Hindu nach seiner letzten Wiedergeburt eintreten und mit der er verschmelzen möchte. Wer einen Gott anbetet, verherrlicht nach diesem Denken das Göttliche schlechthin. Deshalb können Hindus jede Form von Religion akzeptieren, sei es das Judentum, das Christentum, der Islam oder jede andere Religion.

Uneinigkeit herrscht in der Frage der Darstellung von Göttern: Die einen akzeptieren jedes Gottesbild als eine von vielen Darstellungen des Göttlichen. Andere lehnen jegliche bildliche Darstellung eines Gottes ab, weil so davon abgelenkt werde, dass es in Wirklichkeit nur eine Weltseele gibt.

Ursprünglich waren für den Hindu die umfangreichen Werke der Veden (zu Deutsch Wissen) von sehr großer

Bedeutung. Wie für den Muslim der Koran waren sie für den Hindu von göttlichem Ursprung. Die ältesten Texte dieser Schriften entstanden vor Jahrtausenden. Sie bestehen nicht aus einzelnen Büchern, sondern aus verschiedenen Textsammlungen. Über Jahrhunderte hinweg wurden immer wieder Ergänzungen vorgenommen. So entstanden regelrechte Bibliotheken. Als besonders bedeutsam galten der Rigveda, der Samaveda, der Yajurveda und der Atharvaveda. Diese sakralen Texte verloren allerdings nach und nach an Bedeutung und spielen für das heutige religiöse Leben der Hindu kaum noch eine Rolle.

Auch heute gibt es noch zahllose Varianten des Hindu-Glaubens, die aber alle eine grundlegende Vorstellung von der Welt gemeinsam haben. Demnach durchlaufen Götter, Menschen und Tiere einen ewigen Kreislauf des Lebens. Die menschliche Gesellschaft ist in fünf Kasten unterteilt, wobei die unterste Kaste, so paradox das klingen mag, am besten als »Kaste der Kastenlosen« bezeichnet werden kann. Die verschiedenen Kasten sind wie Ränge. Man lebt und stirbt und wird nach seinem Verhalten im Leben befördert oder degradiert. Das geschieht aber nicht durch eine höhere oder gar göttliche Instanz. Was der Mensch tut oder lässt, bewirkt, wie er im nächsten Leben wiedergeboren wird.

Brahma ist die höchste der Kasten. Mitglieder dieser Gruppe sind die verehrten, hochgeschätzten Lehrer. Sie leben von der Unterstützung ihrer Anhänger und dürfen keinen weltlichen Beruf ausüben. Die zweite Kaste ist die der Kshatriyas. Ihre ursprüngliche Aufgabe bestand im Schutz des Volkes. Krieger und Adelige gehörten dieser Kaste an. Auch die Vaishyas, Mitglieder der dritten Kaste, werden noch zur Oberschicht gerechnet. Priesterschaft (1. Kaste), aber auch Adelige und Krieger (2. Kaste) wussten sehr wohl, dass sie auf die dritte Kaste angewiesen waren. Ohne Ackerbau, Viehzucht und Handel konnte keine Gesellschaft existieren. Kaste vier, Sudra, setzte sich aus Menschen mit dienenden Berufen zusammen. Die Parias schließlich bilden die Kaste der Kastenlosen. Sie sind die von allen verachteten Unberührbaren.

Ursprünglich gehörte jeder Mensch nach seinem Beruf einer bestimmten Kaste an. Daraus wurden Herkunftskasten. Jeder Mensch wird in die Kaste hineingeboren, der auch seine Vorfahren angehörten. Kein Mensch kann nach hinduistischem Glauben zu Lebzeiten von einer niedrigeren in eine höhere Kaste aufsteigen. Ein wohltätiges Leben, geprägt von der Nächstenliebe, führt zu einem positiven Karma – und zur Wiedergeburt in einer höheren Kaste. Ein selbstsüchtiges Leben hingegen zieht als Konsequenz die Wiedergeburt in einer niedrigeren Kaste nach sich. Der Hinduismus ist dabei extrem frauenfeindlich. Wer es erreicht hat, als Mann wiedergeboren zu werden, ist schon hoch gestiegen. Ist man erst einmal ein Mann, kann man nicht mehr als Frau wiedergeboren werden. Die Frau muss sich erst durch viele Wiedergeburten quälen, bis sie endlich das Niveau eines Manns erreicht.

Für die Existenz der Kasten gibt es eine mythisch-mystische Erklärung. Im Rigveda heißt es, die Urgesellschaft habe den Körper eines gewaltigen Riesen gehabt. Aus seinen unterschiedlichen Körperteilen seien unterschiedliche Kasten mit unterschiedlichen Funktionen entstanden. So wurde der Mund des Riesen zur Kaste der Brahmanen. Aus den muskulösen Armen entstanden die starken Krieger. Der sprechende Mund war für geistige Aufgaben zuständig. Die Arme, die Krieger, mussten die Gemeinschaft verteidigen, also notfalls auch Krieg führen. Damit ein Körper standfest ist, benötigt er kräftige Füße. Sie sind die Basis des Körpers. Aus den Füßen des Riesen wurden die Diener und Sklaven. So niedrig sie auch in der Gesellschaft zu stehen scheinen, so wichtig sind sie auch. Ohne sie wäre der Riese – oder die Gesellschaft – im wahrsten Sinne des Wortes hinfällig. Nahrung liefern die Bauern. Handwerker und Händler sind nicht minder wichtig für die Gesellschaft. Ihre Kaste hatte ihren Ursprung in den Schenkeln des Riesen.

Das Bild vom Riesen verdeutlicht eine grundlegende Aussage: Eine Gesellschaft kann nur dann existieren, wenn die Menschen aller Kasten ihre Aufgaben erfüllen. Vor allem aber gilt: Gleichgültig wie wenig oder wie hoch ein Mensch angesehen sein mag, so trägt doch jeder ganz maßgeblich seinen Beitrag zum Funktionieren des Lebens der Gemeinschaft bei.

Karma und der Weg ins Göttliche

Jedes Lebewesen sammelt Karma an – positives bei moralischem Lebenswandel, negatives bei egoistischem. Nach christlichem wie muslimischem Glauben wird der Mensch von Gott als der höchsten Instanz beurteilt und belohnt oder bestraft. Im Hinduismus gibt es kein Jüngstes Gericht, dem sich der Mensch unterwerfen muss. Vielmehr sind es die Handlungen des Menschen selbst, die dazu führen, dass jedes Lebewesen wiedergeboren wird. Ziel eines jeden Hindu war es nie, wie ein Muslim in ein Paradies höchster Genüsse einzutreten. Ursprünglich galt es als erstrebenswert, durch möglichst viele Wiedergeburten auf Erden so etwas wie ein »ewiges Leben« zu erlangen. Der Glaube an die Wiedergeburt blieb, das Ziel änderte sich. Angestrebt wurde stattdessen vielmehr ein Ausstieg aus dem ewigen Kreislauf der Wiedergeburten. Dann verliert jedes Lebewesen seine Persönlichkeit und wird Teil des Brahman.

Das Brahman ist so etwas wie ein All-Bewusstsein, das alles durchströmt – das Sandkorn ebenso wie die riesige Düne, die Amöbe ebenso wie den Saurier, das Glühwürmchen ebenso wie den Stern. Man könnte Brahman auch als Seele des Universums bezeichnen. Der Atman ist als Seele des Einzelnen Teil der Gesamtseele.

Teile des Judentums dachten also, ohne es zu wissen, hinduistisch, wenn sie davon ausgingen, dass der physische Körper wieder zu Staub zerfällt und die Seele als göttlicher Anteil am Menschen nach dem Tode wieder zu Gott zurückkehrt. Der göttliche Hauch, Ruach im Alten Testament genannt, ist vergleichbar mit dem Brahman des Hinduismus. Die Seele des Einzelmenschen ist der Atman, der zurück zu Gott kehrt.

Atman lässt sich für den Nicht-Hindu nur umschreiben, nicht in einem bekannten Begriff erfassen. Definitionen wie »Bewusstsein ohne Inhalt« mögen dem Wesen von Atman zwar nahekommen, ergeben aber kein wirklich greifbares Bild. Man kann versuchen, dem Atman durch eine Art Subtraktionsverfahren näherzukommen. Wenn man sich einen Menschen ohne seinen physischen Teil vorstellt, bleibt nach hinduistischem Weltbild das geistige Bewusstsein übrig. Wenn man davon die Erinnerungen, Wünsche und Sehnsüchte, Denken und Wollen subtrahiert, dann bleibt Atman als »wahres Selbst« des Menschen zurück.

Es gibt aber einen wesentlichen Unterschied zwischen der Ruach-Vorstellung in Teilen des Judentums und dem Atman. Nach dem leiblichen Tod eines Menschen, nach dem Wegfall des Körperlichen, kehrt die einzelne Menschenseele wieder in die göttliche Seele zurück. So einfach ist das im

Hinduismus jedoch nicht: Denn der Atman eines Menschen kann erst dann im Allbewusstsein aufgehen, wenn Wollen, Wünsche und Sehnsüchte, auch das Denken verschwunden sind.

Jeder Mensch muss, gleichgültig in welcher Kaste er lebt, Pflichten erfüllen: Er muss Gewaltlosigkeit, Wahrhaftigkeit, Geduld, Selbstkontrolle, Mildtätigkeit und Gastfreundschaft praktizieren. Diesen allgemeinen Pflichten stehen aber die konkreten Pflichten der einzelnen Kaste gegenüber. Im Lauf der Jahrtausende entstanden Regelwerke, welche die konkreten Aufgaben der Menschen in den einzelnen Kasten festlegen sollten. Um Fehler zu vermeiden, wurden diese Regelwerke immer umfangreicher.

So uferten die Heiligen Texte über die Gestaltung und Ausführung von Ritualen durch die Priesterklasse langsam aus. Sie waren kaum noch zu überschauen. Daher kam es im 7. Jahrhundert v. Chr. zu einer grundlegenden Reform. Die sogenannten Upanishaden wurden geschaffen. An die Stelle von ausufernden Vorschriften traten grundsätzliche Regeln. In der Mundaka-Upanishad (III:1/4) heißt es zum Beispiel: »Brahman, die universale Essenz, ist das allem innewohnende Selbst. Es ist wahrlich die Wirklichkeit von Leben und Erleuchtung. Wenn der Mensch Brahman erkennt, wird er erleuchtet. Es gibt keinen Weiseren als den, der die innere Göttlichkeit erkannt hat. Er verrichtet alle täglichen Arbeiten als Ausdruck seines göttlichen Selbst und seine Freude ist von universeller Liebe durchdrungen.«

Jedes Kastenmitglied muss demnach die konkreten Aufgaben der eigenen Kaste erfüllen. Der Priester vollzieht religiöse Rituale, der Krieger verteidigt seine Landsleute, der Bauer versorgt sie mit Nahrungsmitteln, und der Diener arbeitet gewissenhaft für seine »Herrschaft«.

Prof. Hans Schindler-Bellamy, ein bekannter Archäologe, erklärte dem Verfasser: »Gleichgültig in welcher Kaste sich der Mensch nach der Philosophie des Hinduismus befindet, muss er die Aufgaben erfüllen, die ihm durch seine Kaste aufgegeben werden. Indem er sie erfüllt, sammelt er positives Karma an und wird im nächsten Leben in eine höhere Kaste geboren.« Es geht aber um mehr als um vordergründige Beförderung in eine höhere Kaste. Der Hindu hofft nicht auf Erlösung durch einen Gott. Er erwartet keine göttliche Hilfe. Vielmehr gilt sein Streben der Suche nach dem Göttlichen in ihm selbst.

Der Hindu sieht sich nicht als jämmerlichen irdischen Gegenpol zum mächtigen himmlischen Gott. Er strebt nach Erkenntnis über das Göttliche in sich selbst und will dadurch Erlösung finden. Er sehnt sich dabei nicht nach einem paradiesischen Schlaraffenland, sondern nach dem Weg ins göttliche Selbst. Zwei Heilswege gibt es, die zu diesem Ziel führen. Der Hindu kann durch Askese und Weltentsagung zur Erlösung kommen. Er kann sein Ziel aber auch durch wunschloses pflichterfülltes Leben in der Gesellschaft erreichen.

Goldmarie im Märchen »Frau Holle« lebt und handelt nach hinduistischen Idealen: Sie erledigt die Aufgaben, die das Leben ihr stellt. Sie hilft ohne jeglichen Hintergedanken und wird dafür belohnt. Das Geheimnis des Hinduismus ist, dass man erst dann das ultimative Glück erreichen kann, wenn man alles Wünschen aufgegeben hat und nichts mehr erreichen möchte.

Der gläubige Hindu wie auch der überzeugte Buddhist empfinden das Erdendasein als Qual. Gerade die Annehmlichkeiten des Lebens werden als schmerzhafte Fesseln angesehen, die man abstreifen möchte. Auch und gerade der irdische Genuss wird negativ gesehen, fesselt er den Menschen doch an sein Erdendasein und hindert ihn daran, aus dem ewigen Kreis der Wiedergeburten auszubrechen. Es gibt im Hinduismus auch kein Sehnen nach einem paradiesischen Jenseits nach dem Tod. Dabei ist der Hindu keineswegs ein Verächter von Freude. Wahre Freude aber ist Freiheit von äußeren Fesseln. In der Bhagavadgita wird das so ausgedrückt (Kapitel 5, Vers 21): »Ein befreiter Mensch fühlt sich weder zu materieller Sinnenfreude noch zu äußeren Objekten hingezogen, sondern befindet sich immer in Trance und genießt Freude im Innern. Auf diese Weise genießt der Selbstverwirklichte unbegrenztes Glück, denn er konzentriert sich auf den Höchsten.« Askese als Weg zur ultimativen Befreiung ist für den Hindu kein Verzicht auf Freude, sondern ein Weg zur unbeschreiblichen Freude ohne Grenzen.

Als die vielleicht wichtigste Eingrenzung oder Einengung empfindet der gläubige Hindu sein Fühlen und Denken. Er praktiziert Yoga. Yoga ermöglicht Selbstkontrolle des Menschen, beim Fühlen wie beim Denken. Es geht nicht darum, etwa ein spiritueller Magier zu werden, der Wunder vollbringen kann. Menschen, die sich ob ihrer ans Unglaubliche grenzenden Fähigkeiten bewundern lassen, missbrauchen Yoga. Wahre Yoga-Könner lernen, ihr Denken wirklich unter Kontrolle zu bringen. Wer das wirklich kann, ist auf dem besten Wege zur Loslösung des göttlichen Ichs von allen irdischen Fesseln, zu denen auch das Denken gehört.

So paradox es klingen mag: Jeder Hindu sucht durch seine ganz persönliche Form der Yoga-Meditation seine Sinne zu schärfen, weil er lernen möchte, seine fünf Sinne und das Denken einzustellen. Indem er sich selbst reduziert, tritt das Göttliche in ihm in den Vordergrund, und er kann dann mit dem Allgöttlichen verschmelzen. Dann hat er den höchsten Zustand erreicht.

Siddharta Gautama war wie Jesus und Mohammed eine historische Persönlichkeit. Er lebte etwa in der Zeit von 560 bis 480 v. Chr. Als Sohn eines lokalen Fürsten hätte er sich wohl kaum Sorgen um seine Zukunft machen müssen. Rückwirkend wurde ihm eine geradezu überirdische Herkunft zugeschrieben. So soll er, alter Mythologie zufolge, vom »Herrn der Heerscharen« gezeugt und ebenfalls von einer Jungfrau geboren worden sein. Ob die Parallelen zu Jesus rein zufällig sind? Wie Jesu Geburt im Stall von Bethlehem unter dem leuchtenden Lächeln der Engel soll auch Gautamas Geburt die Wirklichkeit verändert haben. Blinde konnten plötzlich wieder sehen, um in Ehrfurcht vor dem überirdischen Licht zu erstarren. Stummen soll die Gabe zu reden wieder geschenkt worden sein, damit sie erzählen konnten, was sie erlebt hatten. Und Taube waren wieder in der Lage, zu hören, um die Berichte über Buddha vernehmen zu können.

In der Realität mag es Langeweile gewesen sein, die den jungen Gautama den elterlichen Palast immer wieder verlassen ließ. So lernte er die grenzenlose Armut der Besitzlosen kennen und den Luxus verachten. Er entfloh dem goldenen Käfig der Eltern und wurde Bettelmönch. Er fiel von einem Extrem ins andere und kasteite sich fast zu Tode. Sein extremes Fasten brachte ihn dem Hungertod nahe – und an die Grenzen des Wahnsinns. Gautama spürte, dass Reichtum wie Armut Fesseln sein können. Und von nun an suchte er den Weg – ähnlich wie die Hindus – ins Nirwana zu gelangen. Doch während im Hinduismus in seinen vielen Variationen Götter immer noch – mehr oder minder – eine Rolle spielten, suchte Gautama Hilfe beim undefinierbaren Göttlichen in sich selbst.

Buddha lehrte den achtteiligen Pfad als den Weg zur Glückseligkeit. Er verbreitete eine Religion, die jedem Menschen den Weg in die absolute Glückseligkeit ermöglicht – ohne einen Gott.

Der erste Pfad, der rechte Glauben, steht für das Erkennen der Wirklichkeit mit dem Verstand. Mit Hilfe der Vernunft kann der Mensch sein selbstsüchtiges Verlangen nach einem glücklichen, glanzvollen Leben steuern. Der erste Pfad, auch rechte Anschauung genannt, ist von grundlegender Bedeutung. Es gilt die Lehren Buddhas anzunehmen.

Der zweite Pfad, das rechte Entschließen, bringt das Gefühl ins Spiel. Jeder Mensch soll so leben, dass er sich wohlfühlt. Unbehagliches – wie Töten jeder Art – soll er lassen. Negative wie positive Gefühle sind Fesseln, die am Abflug in die Erleuchtung hindern. Der zweite Pfad wird auch als rechte Gesinnung bezeichnet. Der Buddhist versucht, die richtige Einstellung zu finden, in Friedfertigkeit, Liebe zu jeder Lebensform.

Der dritte Pfad, das rechte Reden, steht für Ehrlichkeit. Vordergründig geht es darum, den Mitmenschen nicht zu verleugnen oder zu verleumden, und um ein Leben ohne Lüge. Doch auch sich selbst gegenüber soll der Mensch ehrlich sein. Wenn er gelogen hat, muss er sich fragen, warum. Lügen sind, so Buddha, häufig ein Schutzwall, der die eigene Verletzbarkeit verbergen soll. Die Lüge soll der Verteidigung dienen. Dabei mauert sich der Mensch aber nur selbst ein und verbaut sich die Chance, die irdischen Fesseln abzustreifen.

Der vierte Pfad, das richtige Tun, steht für moralisches Handeln. Natürlich versucht der Buddhist wie der Jude, der Christ und der Muslim, die großen ethischen Gebote einzuhalten. Er soll nicht töten, nicht stehlen, nicht lügen, nicht begehren, nicht die Sinne mit Rauschmitteln trüben. Er soll sich aber immer dann, wenn er grundlegende Gesetze übertreten hat, fragen: Warum habe ich das getan? Der Buddhist hat keine Angst vor einem göttlichen Richter, der ihn bestrafen oder belohnen wird. Er ist davon überzeugt, dass sein Handeln direkt zu Konsequenzen führt. Im negativen Fall bedeutet falsches Handeln, sich ans irdische Dasein zu fesseln, den Eingang in die Glückseligkeit zumindest zu verschieben.

Der fünfte Pfad, rechtes Arbeiten, ist so etwas wie ein Berufskanon für den Buddhisten. Im Idealfall führt er ein Leben als Mönch. Es ist die beste Möglichkeit, die irdischen Fesseln zu lösen. Doch nur wenige können Mönche sein, von den Almosen der Arbeitenden leben. Es muss auch Menschen geben, die arbeiten. Wer sonst sollte den Mönchen milde Gaben geben? Eigentlich akzeptiert Buddha alle Berufe, außer jene, die mit dem rechten Handeln nicht vereinbar sind, also Giftmischer, Sklavenhändler, Zuhälter, Prostituierte, Alkoholhersteller, Metzger und Henker. Der fünfte Pfad lässt jedem Menschen viel Freiraum, das rechte Leben zu führen.

Der sechste Pfad, die rechte Anstrengung oder rechtes Streben, ist besonders beschwerlich. Der Buddhist soll erkennen, dass er zwar arbeiten muss, um zu überleben. Anstrengung kann fesseln, etwa das Streben nach Gewinn und Erfolg im Beruf. Der Gewinner genießt seinen erlangten Luxus. Er wird angespornt, noch intensiver nach noch mehr Annehmlichkeiten zu streben. Der Verlierer strengt sich wie der Gewinner an, nur mit anderem Ziel. Er möchte endlich auch ein Gewinner werden. Beide sind nach buddhistischem Denken Verlierer, auch wenn es ihnen unterschiedlich ergeht. Aber beide fesseln sich an das Materielle, müssen weiter in der ewigen Tretmühle der Wiedergeburt bleiben.

Es geht nicht um Faulheit als Alternative zur Anstrengung. Wahres Bemühen hat ein anderes Ziel: die Kontrolle über das eigene Leben, aber nicht aus materiellen Gründen. Nur wer äußere Einflüsse an sich abgleiten lässt, kann sein eigenes Leben wirklich bestimmen. Und nur wer wirklich über sich und sein Leben bestimmen kann, vermag es, sich aus der einengenden materiellen Welt zu lösen.

Der siebte Pfad, rechtes Überdenken, dient der Selbstkontrolle. Der Buddhist soll sich immer wieder fragen: Lebe ich wirklich nach den Regeln Buddhas? Der siebte Pfad wird auch als rechte Wachheit bezeichnet. Der Buddhist soll auf seinem Weg stets sein Bewusstsein schärfen und sich nicht in bequeme Ablenkung flüchten.

Der achte Pfad, die rechte meditative Sammlung, soll verdeutlichen, was für den Buddhisten wirkliches Leben und was Ablenkung ist. Was der Erfolgsmensch für ein gutes Leben hält, ist für den Buddhisten Ablenkung vom eigentlichen Lebensziel. Der Buddhist will auf vermeintliche Erfolgserlebnisse verzichten, die nur seine wirklichen Niederlagen verbergen sollen. Er will sich von allen irdischen Fesseln lösen, mögen sie auch noch so angenehm sein. Dies soll ihm in der Meditation gelingen. Nicht Egoismus, sondern Auflösung des Ichs ist für ihn der Weg zum wahren Glück. In der Bedürfnislosigkeit wird er frei. Sobald er keine Wünsche mehr hat, kein Verlangen mehr spürt, keine Ängste mehr pflegt, kann er seine Grenzen aufgeben und eins werden mit dem Unbegrenzten Allgegenwärtigen, mit dem Geist, der alles durchströmt.

In der Religion des Matriarchats gab es die ewige Wiederkehr von Geburt, Leben, Altern und Sterben. An diesen Kreislauf des Lebens glauben auch die Buddhisten. Sie streben aber an, aus diesem ewigen Kommen, Gehen und Zurückkehren auszubrechen. Sie glauben an das Verschmelzen mit dem unendlichen Göttlichen. Sie erhoffen keine göttliche Rechtsprechung am Ende der Zeit und kein Weiterleben im schlaraffenartigen Paradies, sondern glauben an das unendliche Glück ohne jegliche Beschränkung.

Der Weg dorthin erscheint als recht vernünftig. Er kann von jedem Zeitgenossen eingeschlagen werden. Je mehr Menschen ihn gehen, desto weniger egoistisch und humaner ginge es auf unserem Planeten zu. Selbst Atheisten müssen zugeben, dass grundlegende Gedanken des Hinduismus die Welt deutlich besser machen würden, wenn sie in die Tat umgesetzt würden.

Schon aus rein egoistischen Motiven ist der Mensch darauf angewiesen, pfleglich mit Erde, Natur und Umwelt umzugehen. So wie er seine Welt hinterlässt, muss sie nicht nur von Fremden, Nachgeborenen übernommen werden. So findet er sie selbst in seinem nächsten Leben wieder. Wer die Welt vergiftet, muss im nächsten Leben an diesem Gift leiden. Jeder Mensch ist für sein Handeln selbst verantwortlich. Kein Teufel führt ihn in Versuchung. Nach den Lehren von der Wiedergeburt sind es sein eigener Egoismus und selbstsüchtige Gedanken, die ihn fesseln und daran hindern, mit dem unendlichen Geist des Universums eins zu werden. Kein Gott belohnt einen Menschen, indem er ihm den Schlüssel zum Paradies schenkt. Jeder Mensch kann aus eigener Kraft den Ballast abwerfen, der ihn daran hindert, ins Nirwana einzugehen. Dann wird das Göttliche in ihm eins mit dem Grenzenlosen.

7½. Das wahre Sakrileg

Wer die Geschichte von Gott erforschen will, muss die Heiligen Bücher der Völker studieren, ihre Legenden und Mythen und ihre sakralen Kunstwerke analysieren. Dan Brown lenkte weltweit die Aufmerksamkeit von Millionen von Menschen auf die heidnische Bedeutung christlicher Kunst. Nach wie vor ist es ein Tabuthema, Hinweise auf heilige Frauen oder gar auf die heilige Hochzeit in christlicher Kunst zu erkennen. Es ist im wahrsten Sinne des Wortes ein Sakrileg, wenn nach wie vor die tiefere Bedeutung religiöser Kunst bewusst übersehen wird. Beispiele für das wahre Sakrileg gibt es nicht nur in der Fiktion des Romans von Dan Brown, sondern auch in der Realität unserer Kirchen. Uralte Symbole weisen auf die heilige Frau hin. Aus der Muschel der Göttin Venus wurde das Zeichen des heiligen Jakobus. Aus der Pilgerreise wurde der Weg zum Grab des Jakobus. Trotz aller Umdeutungen kann der ursprüngliche Sinn uralter Kunst nach wie vor verstanden werden. So weist der Altar von Kirchbrak auf die heilige Hochzeit hin.

Marienmünster und die Muschel

Am 15. August 1128 weihte Bischof Bernhard I. die altehrwürdige Benediktinerabtei und die Kirche von Marienmünster. Der imposante Gebäudekomplex ist eine der wenigen mittelalterlichen Klosteranlagen in Westfalen, die in ihrer

Gesamtheit bis in die Gegenwart erhalten blieb. Dem feierlichen Akt wohnte eine illustre Schar wichtiger Männer bei: die Bischöfe von Osnabrück und Minden, Graf Widukind III., die Edlen Bernhard und Hermann zur Lippe. Zwölf Mönche der Benediktinerabtei Corvey bei Höxter übernahmen das Kloster.

Geweiht wurde die Kirche der Mutter Jesu, dem heiligen Christophorus und dem Apostel Jakobus, genannt der Ältere. Jakobus war der biblischen Überlieferung nach der ältere Bruder des Jüngers Johannes. Wegen seiner Neigung, sich zu ereifern, nannte Jesus Jakobus »Donnersohn«. Jakobus gehörte zum inneren Kreis um Jesus. Nach der Apostelgeschichte (Kapitel 12, Verse 1 und 2) ließ der grausame Herodes Jakobus köpfen.

Eine ganze Reihe von frommen Legenden bringt Jakobus in Verbindung mit Muscheln. Nach seiner Hinrichtung, so besagt eine alte Überlieferung, legten Engel den Leichnam in ein Segelboot. Sie sorgten dafür, dass günstige Winde den Toten durchs Mittelmeer in den Atlantik und dann an die Nordküste Spaniens trieben. Die sterblichen Überreste wurden an Land gebracht und in aller Stille beigesetzt. Rund acht Jahrhunderte sollen himmlische Strahlen auf das Grab hingewiesen haben. Es wurde zum Zentrum eines der bedeutendsten christlichen Heiligenkulte.

Im Jahre 814 ernannte König Alphons II. von Asturien Jakobus zum Schutzheiligen Spaniens. Auf seinem Grab wurde eine Kapelle errichtet, die freilich zunächst nur wenige Gläubige anlockte. 1122 verkündete Papst Calixtus II.: Wenn der Tag des heiligen Jakobus, der 25. Juli, auf einen Sonntag falle, dann weise dies auf ein heiliges Jahr des Jakobus hin. Der Pilgerstrom ans Grab des Heiligen wuchs von Jahr zu Jahr. 1128 musste der Entwicklung Rechnung getragen werden. Aus dem einst eher unscheinbaren Kirchlein wurde eine Kathedrale, aus dem Dörfchen Santiago de Compostela eines der am häufigsten besuchten Pilgerziele der Welt. Maßgeblich beteiligt an dieser Entwicklung war Papst Alexander III., der Santiago de Compostela zur heiligen Stadt erklärte. Im Jahr 1179 verkündete Alexander III.: Wer in einem Heiligen Jahr ans Grab des Jakobus pilgere, dem würden alle Sünden erlassen. Heute kommen jährlich mehr als zehn Millionen Touristen. 200 000 Menschen reisen als echte Pilger an.

Das Kennzeichen des Pilgers, der den Jakobsweg geht, ist die Jakobsmuschel. Wie aber wurde die Muschel Kennzeichen des Weggefährten Jesu? Etliche fromme Erzählungen wollen diesen Zusammenhang erklären. So heißt es, einst sei ein frommer Mann dem Boot mit dem Leichnam des Jakobus entgegengeritten. Mit seinem Pferd versank er in den Fluten. Doch Jakobus half: Reiter und Pferd entkamen dem sicheren Tod. Über und über mit Muscheln bedeckt, tauchten sie wieder aus den Fluten auf.

Eine andere Legende berichtet von einem jungen Mann, der voller Freude am Meer entlang zu seiner Hochzeit ritt. Eine gewaltige Welle erfasste und zog ihn ins Meer. Der Bräutigam ertrank. Seine fromme Braut flehte verzweifelt Jakobus an. Ihre Bitten wurden erhöht. Auf wundersame Weise stieg ihr Verlobter lebendig aus dem kalten Grab des Meeres. An seinem ganzen Leib hingen unzählige Muscheln. Ganz ähnlich erging es nach einer anderen religiösen Sage einem christlichen Ritter. Auf der Flucht vor muslimischen Feinden sprang er ins Meer und schwamm um sein Leben. Er war dem sicheren Tod geweiht, denn zu weit entfernt war das rettende Ufer des Meeresarms. Doch allen Widrigkeiten zum Trotz erreichte es der Ritter. Als er aus dem Meer stieg, hatten sich an seinem ganzen Körper weiße Muscheln festgesetzt.

Solche Überlieferungen sollen erklären, wie der heilige Jakobus zur Muschel kam. Auffällig ist, dass diese Erklärungen zwei konkrete Gemeinsamkeiten haben: Es geht um einen Mann, der aus den Wogen des Meeres steigt, und um Muscheln. Wer sich in der Mythologie auskennt, entdeckt die Wurzeln der Jakobus-Mythologie. Sie wurden nur notdürftig im christlichen Gewand versteckt. Denn einst soll die Göttin schlechthin dem Meere entstiegen sein, genauer gesagt einer Muschel, die aus dem Meere kam.

Sandro Botticelli hielt die Geburt der Venus im Jahr 1485 in einem seiner berühmtesten Gemälde fest: Die Göttin schlechthin taucht in einer Muschel aus dem Meere auf. Venus wird von der Muschel, die aus dem Meere kam, geboren. Aus der Göttin, die aus dem Meer entstieg, wurde in der christlichen Mythologie ein Mann.

Die Geschichte von Gott lässt sich in dickleibigen Büchern darlegen – vom uralten Matriarchat der heiligen Allmutter zum patriarchalischen Gott der Monotheisten des Judentums, der Christen und des Islam. Man kann sie aber auch symbolisch darstellen: als Muschel der Venus, aus der die Muschel des heiligen Jakobus wurde.

In der altehrwürdigen Kirche der Abtei von Marienmünster finden sich noch heute zahlreiche Muscheln: das Symbol der Venus in christlichem Ambiente. Da lächeln dickbackige Engelchen auf die Gläubigen herab – und über ihren Köpfchen bietet die »Jakobsmuschel«, die einst die Muschel der Venus war, Schutz.

Wer kennt nicht die fromme Sage vom heiligen Georg, der mit Todesmut den starken Drachen tötete? Sie steht für männliche Stärke und Ritterlichkeit. In Marienmünster dient diese religiöse Legende als Grundlage für eine besonders erstaunliche Plastik. Bemerkenswert ist, dass im christlichen

Gewand ein uraltes Bild aus Zeiten der matriarchalischen Welt wieder auflebt: das Bild von der siegreichen Göttin. In der Plastik von Marienmünster übernimmt ein imposanter, mächtiger, aber eindeutig weiblicher Engel die Rolle des männlichen St. Georg. Der weibliche Engel mit wallendem Haar setzt gerade einen gewaltigen Spieß an. Er will aber kein mythologisches Drachentier mit vier Beinen und monströsem Haupt töten, sondern einen gehörnten Teufel. Der ist ebenfalls, aber eher nur ansatzweise, als Engel dargestellt, seine Flügel sind wesentlich kleiner als die der Engelin und wirken wie verkümmert. Wie ein drachenartiges Wesen mit langem Schwanz windet sich der Besiegte sterbend am Boden. Er scheint sich bereits mit seiner Niederlage abgefunden zu haben.

Die Engelin ist die eindeutige Siegerin. Ihre Mimik wirkt kühl, überlegen und siegessicher. Wie ein Schutzschild hängt über ihr eine breite, große Muschel. Das uralte Symbol der Göttin Venus scheint fast mit der siegreichen Kämpferin zu verwachsen. Was soll die beeindruckende Plastik darstellen? Eine verborgene Botschaft springt dem symbolkundigen Betrachter förmlich ins Auge: Das menschliche Leben ist stets ein Kampf zwischen Gut und Böse. Doch alles, was geschieht, erfolgt unter der Obhut der Venusmuschel. Was aber bedeutet die Muschel? Wofür steht sie als Symbol? Für die uralte Göttin aus Zeiten des Matriarchats!

Zu den wohl beeindruckendsten Kunstwerken der Kirche gehört eine Plastik von schlichter Schönheit. Im kleinen Kirchenführer von Joseph Machalke lesen wir: »Das Gemälde des Josephsaltars (269 mal 176 cm) zeigt die Verkündigung: Maria, mit ausgebreiteten Armen in der linken Bildhälfte kniend, blickt zu dem von rechts oben auf einer Wolke in den Raum schwebenden, von Putten umgebenen Erzengel Gabriel … In der Muschel oben steht der heilige Joseph mit dem Kinde Jesus.«

Was leicht, aber voreilig als scheinbar nur beiläufige Beschreibung eines religiösen Kunstwerkes überlesen werden kann, deutet doch präzise auf verborgenes uraltes Wissen. Am Anfang war die Göttin (Venus). Aus der matriarchalischen Religion um die heilige Frau wurde die patriarchalische Religion eines männlichen Gottes. Die Erinnerung an die Göttin von einst und an ihr Symbol lebt in der christlichen Kunst bis heute weiter: in der Muschel der Venus, die zur Muschel des heiligen Jakobus wurde. Joseph und Jesus stehen für das männliche Prinzip, die Muschel für das weibliche. Auch wenn das manchem Zeitgenossen und Anhänger eines männlichen Gottesbildes widerstrebt: Die weibliche Seite wird eindeutig als die überlegene, stärkere gezeigt. So lebt ein uraltes Bild aus Zeiten der Göttin in der Kunst des Christentums fort. Doch wer denkt schon beim Anblick von Muscheln in christlichen Kirchen an die weibliche Gottheit, an Venus?

Heilige Symbole aus uralten Zeiten

Dan Brown hat vollkommen recht, wenn er in seinem Bestseller »Sakrileg« auf das Fortleben uralter heidnischer Glaubenswelten in christlichem Gewand verweist: Vor Jahrtausenden wurde in Ägypten die Heilige Frau, die Göttin Isis, verehrt, auf deren Knien der auf wundersame Weise empfangenen göttliche Sohn Horus sitzt. Fast identische, kaum zu unterscheidende Darstellungen in Gemälden und in Plastiken gibt es in unzähligen christlichen Kirchen: Aus der Göttin Isis wurde Maria, aus Horus wurde Jesus.

Dan Brown liegt wieder richtig, wenn er in Kapitel 6 seines

Thrillers »Sakrileg« seinen Helden Prof. Langdon sagen lässt: »Die Göttin Venus und der Planet Venus waren ein und dasselbe. Die Göttin hatte ihren Platz am Nachthimmel und trug viele Namen: Venus, Stern des Ostens, Ischtar, Astarte, die alle mit dem Weiblichen, der Natur und der Urmutter Erde im Zusammenhang stehen.«

Weil die alten Kulturvölker die Göttin Venus mit dem Planeten Venus gleichsetzten, beobachteten sie mit geradezu religiöser Inbrunst die Bewegungen, die eben dieser Himmelskörper am Firmament vollzog. Vor allem wurde mit Akribie erforscht, wann die göttliche Venus der Erde besonders nahe kommt. Himmelsbeobachtungen wurden viele Jahrhunderte, ja Jahrtausende lang von Priester-Astronomen vorgenommen. Sie entdeckten, dass sich Venus und Erde im Verlauf von jeweils acht Jahren immer fünf Mal begegnen. Verbindet man nun diese fünf Punkte miteinander, ergibt sich ein Pentagramm.

Wann das Pentagramm zum Symbol der Göttin wurde, ist unbekannt. Es gehört zum ältesten Zeichen mit kultischer Bedeutung überhaupt. Vor rund fünf Jahrtausenden galt es als Zeichen der großen Göttin Babylons, der Ischtar, die noch in der Bibel (Jeremia, Kapitel 44, Vers 19) als »Himmelskönigin« bezeichnet wird. Die heilige Frau mit dem Pentagramm wurde auch noch als Ascheroth und Anath angebetet.

In der assyrischen Kultliteratur wird Ischtar – wie später der Jahwe des Alten Testaments – als allmächtige Gottheit geschildert. In einem Hymnus preist sie sich selbst: »Ich bin Ischtar, die Göttin des Abends, ich bin Ischtar, die Göttin des Morgens, Ischtar, mit Macht die Pforten des Himmels öffnend. Ich zerstöre die Himmel, ich verwüste die Erde durch meine Gewalt. Ich steige strahlend zum Firmament empor, in meiner Macht werde ich droben wie unten angebetet. Ich fege hinweg die Gebirge wie Staub in meiner großen Macht.«

Laut dem Ägyptologen Sir E. A. Wallis Budge wurde das Symbol der Göttin des Matriarchats vom Patriarchat vereinnahmt. Aus dem Zeichen der allmächtigen Himmelskönigin wurde ein geheimes Zeichen für den männlichen Gott des Zorns Jahwe. Der weise Salomo ließ sich, wie Mythenexpertin Barbara G. Walker erklärt, den mystischen Stern mit den fünf Zacken in seinen Zauberring gravieren.

Wie Dan Brown ausführt, bekämpfte die christliche Kirche die heidnische Verehrung der Göttin, indem sie die großen Symbole der matriarchalischen Kulte vom Positiven ins Negative verfälschten. In Kapitel 6 lässt er seine Hauptfigur erklären: »In Zeiten des Umbruchs ist das nicht ungewöhnlich. Mächte, die sich neu konstituieren, pflegen vorhandene Symbole zu übernehmen und unschädlich zu machen, indem sie ihnen die ursprüngliche Bedeutung rauben und allmählich herabwürdigen. Die heidnischen Symbole haben den Kampf mit den christlichen Symbolen verloren. Der Dreizack des Neptun pervertierte zur Mistgabel des Teufels, der spitze Hut der weisen Frauen wurde zum Hexenhut gemacht, und der fünfzackige Venusstern zum Pentagramm des Teufels.«

Eine solche Herabwürdigung des Pentagramms als Symbol der Göttin hat es indes im Christentum nie gegeben. Erst im 19. Jahrhundert n. Chr. wurde das Pentagramm zu einem Zeichen des Bösen: nicht durch Manipulation der Kirche, sondern durch die magischen Werke des höchst umstrittenen Eliphas Lévi (1810–1875). Aleister Crowley (1875–1947) war es, der das Pentagramm als Symbol des Teuflisch-Negativen populär machte. Wenn kaum ein blutrünstiger »satanischer«

Hollywoodfilm ohne das Pentagramm als teuflisches Zeichen auskommt, hat das mit uralter Mythologie ebenso wenig etwas zu tun wie mit altem Teufelsglauben. Vielmehr handelt es sich um junge Phantasien ohne eine Spur von realem Hintergrund.

Die christlichen Theologen würdigten nicht das Pentagramm als eines der ältesten Symbole überhaupt herab. Sie übernahmen es einfach und interpretierten es neu. Vor fünf Jahrtausenden war das Pentagramm bereits ein mächtiges Symbol, im verhältnismäßig jungen Christentum blieb es das. Die fünf Spitzen des Pentagramms wurden zu den fünf Wunden Jesu. Oder man addierte zu Dreifaltigkeit die doppelte Natur Jesu (wahrer Mensch und wahrer Gott), um ebenfalls auf die Zahl Fünf zu kommen. Dass es sich bei derlei Deutungen um relativ junge christliche Neuinterpretationen handelt, liegt auf der Hand. Ein Symbol, seit mindestens fünf Jahrtausenden als Zeichen der Göttin bekannt, kann im Ursprung nicht christlich gewesen sein. Und doch lebt es im Christentum weiter. Zwei besonders eindrucksvolle Beispiele belegen das.

Kaarma, im Süden der estnischen Insel Saaremaa gelegen, ist eine sehr kleine christliche Gemeinde. In der wehrhaften Kirche St. Peter und Paul lebt jahrtausendealter Glaube von der mystischen Urgöttin in christlichem Gewand fort: An einer Wand des frommen Gemäuers prangt unübersehbar die Erinnerung an Ischtar und Venus – ein riesiges Pentagramm. Es ist wohl vor rund sieben Jahrhunderten entstanden.

Eines der gewaltigsten Bauwerke christlicher Architektur ist die Kathedrale von Notre-Dame in Paris. Sie entstand an einem ganz besonders heiligen Platz. Schon vor zwei Jahrtausenden gab es an dieser Stelle einen alten gallisch-römischen Tempel, der vermutlich einen noch älteren heidnischen Vorgänger hatte. Es folgte eine frühchristliche Basilika, dann eine romanische Kirche, die schließlich der Kathedrale weichen musste.

Notre Dame und die Raute der heiligen Frau

Im Jahr 1159 wurde Maurice de Sully zum Domherrn der Kathedrale bestimmt. Der Kirchenmann ließ die eben erst renovierte Basilika abreißen und 1163 den Grundstein für Notre Dame legen. 1345 wurde der Bau beendet. Doch das riesige Gotteshaus verfiel zusehends. Offenbar fehlten das Interesse und die Mittel, um es instand zu halten. Erst Victor Hugos historischer Roman »Der Glöckner von Notre Dame«, 1831 erschienen, löste geradezu euphorische Begeisterung für die Kathedrale aus. Sie wurde aufwändig renoviert und gerettet.

Victor Hugo sagte über die Kathedrale: »Jede Fläche, jeder Stein dieses ehrwürdigen Denkmals ist nicht nur ein Blatt in der Geschichte des Landes, sondern auch in der von Wissenschaft und Kunst.« Eine Geschichte, die Notre-Dame erzählt, ist jahrtausendealt und nur wenigen Eingeweihten bekannt. Es ist eine der ältesten Geschichten der Menschheit überhaupt, die wohl schon vor vielen Jahrtausenden in allen Völkern erzählt wurde. Unzählige Fassungen mag es gegeben haben, die nur mündlich überliefert wurden und die längst in Vergessenheit geraten sind.

Mündlich weitergereichte heilige Geschichten können mit den Menschen sterben, die in ihre Geheimnisse eingeweiht waren. Heilige Bücher und Pergamente können verloren gehen oder von Fanatikern vernichtet werden. Notre Dame erzählt »ihre« Version nicht in Tinte auf Papier, sondern in Stein. Es ist die Geschichte der Göttin des Matriarchats, deren Symbol – das Pentagramm – in zwei gewaltigen Fenstern der Kathedrale verewigt wurde. Was auf den ersten Blick wie riesiger Zierrat aus Stein wirkt, der kunstvoll hinter großen runden Glasfenstern zu geradezu grazil wirkenden geformt wurde, ist das uralte Zeichen der Venus, das Pentagramm.

Es gelingt Dan Brown in seinem Weltbestseller »Das Sakrileg«, aus einigen Werken Leonardo da Vincis geheime Botschaften über die Heilige Frau herauszulesen. Manchmal ist aber die Realität spannender als jede Fiktion. In der kleinen Wehrkirche von Kirchbrak, um das Jahr 1000 erbaut, gibt es das reale, das wahre Sakrileg. In jenem kleinen Sakralbau finden sich – und das dürfte einmalig in der christlichen Kunst sein – die beiden Symbole der Göttin in einem Kunstwerk vereint: die Muschel und das Pentagramm. Und mehr noch: In Kirchbrak findet sich, symbolisch verschlüsselt, ein komplexer Hinweis darauf, dass Maria Magdalena und Jesus ein jahrtausendealtes heidnisches Ritual vollzogen, die heilige Hochzeit.

Kirchbrak und die heilige Hochzeit

Wer von Bodenwerder kommend die Bundesstraße 240 verlässt und der ländlichen Kreisstraße folgt, sieht nach wenigen Kilometern das idyllisch von waldigen Höhen umgebene Kirchbrak. Vor rund tausend Jahren entstand die wehrhafte Kirche, deren Turm im Falle eines Überfalls als leicht zu verteidigende letzte Zuflucht diente. Im Verlauf der Jahrhunderte wurde das geheimnisumwobene Gotteshaus mehrfach umgebaut. Betritt man es durch den heutigen Seiteneingang, so fällt der farbenfroh bemalte, mit Schnitzwerk reichlich verzierte Altar auf.

Adele Getty schreibt in ihrem grundlegenden Werk »Göttin, Mutter des Lebens« (München 1993, S.5): »Die Schöpfungsmythen zahlloser Kulturen legen Zeugnis … ab von der Rolle, die das weibliche Prinzip bei der Gestaltung der Welt spielte, in der wir leben. In der Vorstellung ist die Göttin allgegenwärtig und ewig … Auf der ganzen Welt ist ihre Geschichte in das Leben und in die Sagen der Menschheit verwoben.« Diese Aussage trifft auf den Altar von Kirchbrak in ganz besonderer Weise zu: Überragt wird der Altar von einer Göttin: Justicia, die Gerechtigkeit, wird von zwei weiblichen Engeln flankiert. Fünf weitere heilige Frauen stehen im Altar deutlich über den vier Aposteln, alle eindeutig als Frauen dargestellt: die Tapferkeit, die Mäßigkeit, der Glaube, die Hoffnung, die Liebe und die Klugheit. Die Darstellung der Liebe mit zwei kleinen Kindern gleicht in vielen Details der Erdmutter aus heidnischen Zeiten, zum Beispiel auf dem Relief vom Altar des Augustusfriedens aus dem ersten Jahrhundert v. Chr. Die »Hoffnung« wird von der Taube begleitet, einem uralten Symbol der Göttin. Die »Mäßigkeit« mit einem Kelch erinnert an den Heiligen Gral.

Tief unter dem Chorraum befindet sich das Grabgewölbe derer von Grone, die als Lehnsherren viele Jahrhunderte die Geschicke von Kirchbrak bestimmten. Sie waren es auch, die der Ausstattung der Kirche »ihr Gepräge verliehen«, wie es im Kirchenführer von Hans Hölscher heißt. Im 17. Jahrhundert wurde die uralte Gruft vermauert. Noch 1950 war ein unterirdischer Gang zum einstigen Rittersitz von Kirchbrak zu erkennen. Doch Geheimgang und Gemäuer sind verschwunden. Die eigentlichen Geheimnisse von Kirchbrak aber sind nicht versteckt. Jeder Besucher des Gotteshauses hat sie vor Augen.

Im Zentrum des Altars befindet sich die Kanzel. An ihrer

Vorderseite hat ein unbekannter Barockkünstler ein »Sakrileg« gestaltet. Da scharen sich nicht zwölf, sondern dreizehn Jünger um Jesus. Offenkundig reihte der Meister der Schnitzkunst Maria Magdalena in die kleine Schar der Jünger ein. Nach den verbotenen Evangelien war sie nicht nur seine engste Vertraute, sondern auch seine Geliebte, ja vermutlich seine Ehefrau. Jesus und seine männlichen Jünger tragen mächtige Bärte. Sie haben ihre Ärmel hochgekrempelt und sitzen mit bloßen Armen am Abendmahlstisch. Anders Maria Magdalena: Sie hat ein bartloses, feminines Gesicht und hat ihre Arme züchtig bedeckt. Der Einwand, bei der femininen Person handele es sich nicht um eine Frau, sondern um Jesu Jünger Johannes, überzeugt nicht. Nach biblischer Überlieferung ruhte Johannes an der Brust Jesu: ein Schutz suchender, unsicherer junger Mann. Maria Magdalena ist als gleichberechtigte Frau unter Männern dargestellt.

Sie kann leicht selbstsicher auftreten, heißt es doch im verbotenen Evangelium des Philippus (Kapitel 58): »Und die Gefährtin des Erlösers war Maria Magdalena. Christus liebte sie mehr als seine Jünger und küsste sie auf den Mund. Die Jünger waren darüber erzürnt und verliehen ihrer Enttäuschung Ausdruck. Sie sprachen zu ihm: Warum liebst du sie mehr als uns?« Die männlichen Jünger waren eifersüchtig auf Jesus. Gab es dazu Anlass?

Im Evangelium nach Maria, in koptischer Sprache verfasst, werden die Eifersüchteleien der männlichen Jünger Jesu auf Maria Magdalena bezogen. Petrus selbst wendet sich an die Rivalin: »Petrus sprach zu Maria: ›Schwester, wir wissen, dass der Erlöser dich mehr liebt als die anderen Frauen. Sage uns daher die Worte des Erlösers, an die du dich erinnerst, die du kennst, wir aber nicht, und die wir auch nicht gehört haben.« Mit anderen Worten: Die männlichen Jünger gingen davon aus, dass Jesus ihnen Geheimnisse vorenthielt, die er Maria Magdalena offenbarte. Und noch etwas verband Jesus mit Maria Magdalena, was über die Intimitäten einer erotischen Beziehung weit hinausgeht. In verschlüsselter Form verrät uns das Neue Testament, dass Maria Magdalena und Jesus einen jahrtausendealten Ritus vollzogen: die »heilige Hochzeit«.

Noch heute können wir im Neuen Testament eine abgeschwächte Beschreibung dieser mystischen Eheschließung lesen. Maria Magdalena (als heilige Frau) sucht und erwählt einen Mann (Jesus) als ihren Partner für die heilige Hochzeit. Als Mitglied des Königsgeschlechts Davids bringt er die idealen Voraussetzungen mit. Sie salbt ihm Haupt und Füße. Auf diese symbolische Weise tut sie kund, mit wem sie die sakrale Zeremonie der heiligen Hochzeit feiern will.

Maria Magdalena verwendete laut den Evangelien des Neuen Testaments das teuerste Öl, um ihn zu salben. Aus heidnischer Sicht setzte sie damit ein klares Zeichen: Das ist mein Partner für die heilige Hochzeit. Die Jünger empören sich (Evangelium nach Matthäus, Kapitel 26, Vers 8) vordergründig über die Verschwendung. Vermutlich waren sie aber über das heidnische Ritual empört.

Die Vermutung liegt nahe, dass die Hochzeit von Maria Magdalena und Jesus deshalb so weit wie möglich verdrängt wurde, weil es um viel mehr als um eine normale Eheschließung, sondern um die heilige Hochzeit ging! Die heilige Hochzeit war weit mehr als ein sexueller Akt. Nach jahrtausendealter Tradition diente sie dem Erhalt von Mensch und Natur. Nur wenn die Zeremonie der heiligen Hochzeit regelmäßig gefeiert wurde, gab es nach dem Winter wieder ein Erwachen der Natur. Auf diesen Sachverhalt weist das verbotene Evangelium des Philippus ausdrücklich hin. Nur wenige Zeilen nach dem Hinweis auf die intime Beziehung zwischen Jesus und Maria Magdalena heißt es: »Denn der Bestand der Welt sind die Menschen. Der Bestand des Menschen aber ist die Hochzeit.« Damit war keine gewöhnliche Ehe gemeint, sondern die magische heilige Hochzeit, die erst ein Fortbestehen von Natur, Tier und Mensch ermöglichte!

Auf die heilige Hochzeit folgten der Tod des Bräutigams, sein Abstieg ins Reich der Toten, die Suche der Braut nach dem Bräutigam und seine Rückkehr in die Welt der Lebenden. Genauso sollte die Natur nach der Ernte sterben, um nach dem Winter im Frühjahr wieder zu neuem Leben zu erwachen. Das Ritual der heiligen Hochzeit sollte bewirken, dass der ewige Kreislauf der Natur nicht unterbrochen wurde.

Im Zentrum der Abendmahlsdarstellung von Kirchbrak befindet sich Jesus. Hoch über seinem Haupt hängt, sorgsam golden bemalt, eine Venusmuschel. Hinter Jesu Rücken strahlt ebenfalls in Gold das zweite Symbol der weiblichen Göttlichkeit: das Pentagramm! In keinem anderen christlichen Kunstwerk sind wie in Kirchbrak diese beiden Zeichen – Venusmuschel und Pentagramm – so deutlich miteinander vereint.

Obwohl Dan Brown Kirchbrak nicht kennt, lässt er seinen Helden etwas sagen, das genau zur bedeutungsvollen Kunst der kleinen Kirche passt: »Replikation. Die Wiederholung eines Symbols ist die einfachste Methode, seine Bedeutung zu verstärken.« Das gilt in besonderem Maße für das Venus-Symbol Muschel in Kirchbrak. Sie taucht nämlich immer wieder auf. Links über der Kanzel steht der Evangelist Lukas mit seinem Symbol, einem Stier. Zu seinen Füßen und (vom Betrachter aus gesehen) rechts neben ihm springen zwei Venusmuscheln förmlich ins Auge. Rechts über der Kanzel wurde Evangelist Markus postiert, mit seinem Symbol, dem Löwen. Auch bei ihm dürfen die Muscheln nicht fehlen – zu seinen Füßen und links neben ihm. Etwas tiefer, links neben der Kanzel hat der unbekannte Künstler Evangelist Johannes als kunstvoll geschnitzte Statue in den Altar eingebaut. Man erkennt ihn an seinem Symbol, am Adler. Auf der gegenüberliegenden, rechten Seite ist unschwer der Evangelist Matthäus auszumachen, mit seinem Symbol, dem Engel.

Der Künstler setzte eindeutig auf Symbole, um Botschaften ohne geschriebenes Beiwerk vermitteln zu können. Rechts und links von der Kanzel wartet er mit einer in der christlichen Kunstgeschichte wohl einzigartigen Kombination auf, die ganz eindeutig auf die heilige Hochzeit hinzudeuten scheint. Oben prangt eine Venusmuschel. Sie ruht auf der oberen Spitze einer Raute. Die Raute ist seit dem Altertum Symbol für das weibliche Geschlecht. Die Farbe der Raute – blau – unterstreicht die Bedeutung des Symbols der Weiblichkeit. Eingebettet in die Raute hat der Künstler ein stilisiertes Phallussymbol. Der so bildhaft dargestellte Akt der heiligen Hochzeit ruht auf einem Engel, von dem nur Kopf und Oberkörper zu sehen sind: in Herzform. Wurde also die heilige Hochzeit zwischen zwei Menschen zelebriert, die sich von Herzen liebten, von Maria Magdalena und Jesus?

Im Mittelpunkt des Altars steht das heilige Abendmahl, an dem Jesu Geliebte Maria Magdalena teilnimmt. Rechts und links vom Abendmahl weisen Venusmuschel, blaue Raute, Phallussymbol auf die heilige Hochzeit zwischen Jesus und Maria Magdalena hin. So führt uns die Interpretation einer einzigartigen Zusammenstellung von Symbolen in die Zeiten zurück, die vor den Anfängen der Geschichte Gottes liegen, in die Zeiten des Matriarchats.

Kehren wir nochmals zum Jesus von Kirchbrak zurück.

Betrachtet man Jesus, so sieht man hinter ihm das Pentagramm als Zeichen der Göttin. Weiter hinten noch tut sich ein runder Torbogen auf. Soll uns so ein Hinweis gegeben werden: Kehrt über Jesus, der die Frau als gleichberechtigtes Wesen ehrte, zurück zur heiligen Frau? Wenn ihr einen Weg zur Religiosität sucht, dann muss auch wieder die heilige Frau beteiligt werden. Das wahre Sakrileg ist die Verdrängung der heiligen Frau durch den monotheistischen Gott des Patriarchats. Ob eine Religiosität, die wieder die heilige Frau achtet, die Welt friedlicher machen kann?

Last not least: Ein dickes Dankeschön

Seit mehr als 30 Jahren bin ich schriftstellerisch tätig, habe fast 30 Sachbücher geschrieben. Von ganzem Herzen möchte ich der wunderbarsten Frau der Welt danken, die nun schon fast drei Jahrzehnte an meiner Seite steht. Ohne sie wäre meine umfangreiche Arbeit niemals so gediehen!

Ein wirklich dickes Dankeschön also sage ich meiner wunderbaren Frau Barbara Kern: für so viel!

September 2007 – In Liebe – Walter-Jörg Langbein

Literaturverzeichnis

1. Am Anfang: Rahab aus dem Meer und die Göttin von Minos

Buber, Martin, und Rosenzweig, Franz: Die fünf Bücher der Weisung, Köln und Olten o.J.

Buber, Martin, und Rosenzweig, Franz: Bücher der Kündung, Köln und Olten o.J.

Buber, Martin, und Rosenzweig, Franz: Bücher der Geschichte, Köln und Olten o.J.

Buber, Martin, und Rosenzweig, Franz: Die Schriftwerke, Heidelberg o.J.

Hutzl-Ronge, Barbara: Feuergöttinnen, Sonnenheilige, Lichtfrauen, München 2000

Hutzl-Ronge, Barbara: Quellgöttinnen, Flußheilige, Meerfrauen, München 2002

Niehr, Herbert: Religionen in Israels Umwelt, Würzburg 1998

Rivers, Francine: Eine Frau des Glaubens, Lahr 2002

Wellhausen, Julius: Reste arabischen Heidentums, Berlin 1961

Zunz, Leopold: Die vierundzwanzig Bücher der Heiligen Schrift, übersetzt von Leopold Zunz, Basel 1980

2. Es werde Licht: Vom Sonnengott Aton zu Jahwe

Gese, Hartmut: Die Religionen Altsyriens, Stuttgart 1970

Heydecker, Joe J.: Die Schwestern der Venus, Die Frau in den Mythen und Religionen, München 1991

Ions, Veronica: Die Götter und Mythen Ägyptens, Reihe »Die großen Religionen der Welt – Götter, Mythen und Legenden«, Klagenfurt 1987

Schaub, Katharina: Exegetische Hausarbeit zum Psalm 104, Universität Kassel, Sommersemester 2003, Schöpfungstheologien im Ersten Testament

Simonis, Walter: Über Gott und die Welt. Gottes- und Schöpfungslehre, Düsseldorf 2004

3. Aber die Schlange war listiger: Gott, der Teufel und die Engel

Cebulla, Frank: Schlange und Messias und andere mythologisch-kabbalistische Schriften, Kahla 2003
Diem, Werner, Majer, Hans-Georg u. a.: Kleines Lexikon der Islamischen Welt, Stuttgart, o. J.
DiNola, Alfonso M.: Der Teufel. Wesen, Wirkung, Geschichte, München 1993
Pagels, Elaine: Satans Ursprung, Frankfurt/M. 1996
Rosa, Peter de: Christ and Original Sin, Milwaukee 1967
Roskoff, Gustav: Geschichte des Teufels. Eine kulturhistorische Satanologie von den Anfängen bis ins 18. Jahrhundert, Nördlingen 1987
Schlieper, Andreas: Himmlische Heerscharen – Eine kleine Geschichte der Engel, Berlin 2006
Simonis, Walter: Woher kommt das Böse?, Graz 1999

4. Die Messiasse des Alten Testaments und Jesus

amen-online: Wörterbuch der Gebetssprache: Was heißt Christus und Messias?
Berger, Klaus: Das Neue Testament und frühchristliche Schriften, Frankfurt 2000
Gemeinderegel 1 QS in Lohse, Eduard (Hrsg.): Die Texte aus Qumran. Hebräisch und Deutsch, Darmstadt 1971, S. 1–43
Lüdemann, Gerd: Jesus nach 2000 Jahren, Lüneburg 2000
Malachi in Abegg, Martin, Flint, Peter, und Ulrich, Eugene: The Dead Sea Scrolls Bible, San Francisc, New York 1999, S. 476–479
Mayer, Reinhold, und Rühle, Inken: War Jesus der Messias? Geschichte der Messiasse Israels in drei Jahrtausenden, Tübingen 1998
Psalme Salomos in Weidinger, Erich: Die Apokryphen. Verborgene Bücher der Bibel, Augsburg o. J., S. 127–139

Prümers, Walther: Messiasse nach Jesus Christus, Beiträge zum Jahresbericht, Cuxhaven 1914
Rosa, Peter de: Jesus who became Christ, London 1975
Rosa, Peter de: Der Jesus-Mythos über die Krise des christlichen Glaubens, München 1991
Schubert, Kurt: Vom Messias zum Christus, Wien 1964
Stählin, Wilhelm: Mysterium. Vom Geheimnis Gottes, Kassel 1970
Tabor, James: Die Jesus-Dynastie, München 2006
Talmud: Der Babylonische Talmud, ins Deutsche übersetzt von Lazarus Goldschmidt, 12 Bände, Jüdischer Verlag 1996
Testament Judas in Weidinger, Erich: Die Apokryphen. Verborgene Bücher der Bibel, Augsburg o.J., S. 106–114
Testament Simeons in Weidinger, Erich: Die Apokryphen. Verborgene Bücher der Bibel, Augsburg o.J., S. 104–106
Vögtle, Anton: Messias und Gottessohn. Herkunft und Sinn der matthäischen Geburts- und Kindheitsgeschichte, Düsseldorf 1971

5. Vom Widerstand zur Weltreligion

Bibel in gerechter Sprache, Hrsg. Bail, Ulrike, Crüsemann, Frank, Crüsemann, Marlene, Domay, Erhard u.a., 2. Auflage, München 2006
Böckler, Annette, und Mendelsohn, Moses: Die Tora, Berlin 2001
Brugger, Eveline, und Keil, Martha: Die Wehen des Messias. Zeitenwenden in der jüdischen Geschichte, Berlin 2001
Diem, Werner, Majer, Hans-Georg u.a.: Kleines Lexikon der Islamischen Welt, Stuttgart, o.J.
Kjaer-Hansen, Kai (Hrsg.): Tod eines Messias/Messiasgestalten und Messiaserwartungen im Judentum, Stuttgart 1996
Lapide, Pinchas: Er predigte in ihren Synagogen, Gütersloh 1980
Piepenbrink, Karen: Konstantin der Große und seine Zeit, Darmstadt 2002
Potzel, Dieter (Herausgeber): Der Theologe, Ausgabe Nr. 3, So spricht Martin Luther – so spricht Jesus von Nazareth: Ein Vergleich, Wertheim 1998, 6. Auflage 2006
Sasse, Martin (Herausgeber): Martin Luther über die Juden – Weg mit ihnen!, Freiburg 1938

Sternberger, Günter: Midrasch. Vom Umgang der Rabbiner mit der Bibel – Einführungen, Texte, Erläuterungen, München 2002
Zirker, Hans: Zugänge zu biblischen Texten – Neues Testament, Düsseldorf 1981

6. Gott, die Frau und die Gleichberechtigung

Baschwitz, Kurt: Hexen und Hexenprozesse. Die Geschichte eines Massenwahns und seiner Bekämpfung, München 1963
Behringer, Wolfgang: Hexen. Glaube, Verfolgung, Vermarktung, München 1998
Ginzberg, Louis: Legends of the Jews, Volume One, From the Creation to Jacob, Philadelphia 1909
Hegeler, Hartmut: Anton Praetorius. Kämpfer gegen Hexenprozesse/Zum 400 jährigen Gedenken an das Lebenswerk eines protestantischen Pfarrers, Unna 2002
König, Emil: Hexenprozesse. Ausgeburten des Menschenwahns, Paderborn 2004
Lapide, Pinchas: Ist die Bibel richtig übersetzt?, Gütersloh 1994
Mack, Burton L.: Who wrote the New Testament. The Making of the Christian Myth, San Francisco 1995
Mertens, Heinrich A.: Handbuch der Bibelkunde, Düsseldorf 1966
Nigg, Walter: Das Buch der Ketzer, Zürich 1970
Nigg, Walter: Heilige im Alltag, Freiburg 1976
Rosa, Peter de: Die dunkle Seite des Papsttums, München 1989
Rosa, Peter de: Der Vatikan – von Gott verlassen?, München 1995
Schirrmacher, Christine, und Spuler-Stegemann, Ursula: Frauen und die Scharia – Die Menschenrechte im Islam, München 2004
Sprenger, Jakob, und Institoris, Heinrich: Der Hexenhammer, München 1986
Thomasius, Christian: Vom Laster der Zauberei. Über die Hexenprozesse, (überarbeiteter Nachdruck), München 1986
Welt, Die: Millionen Mädchen leiden unter Gewalt, Berlin, 12.12.2006, S. 4
Zirker, Hans: Islam – theologische und gesellschaftliche Herausforderungen, Düsseldorf 1993

Zürner, Dr. Bernhard: Die Paulus-Legende. Hundert Enthüllungen, Ulm, o. J., 2. Auflage März 2007

7. Wie viele Chancen hat der Mensch?

Böckler, Annette, und Mendelsohn, Moses: Die Tora, Berlin 2001
Bumiller, Elisabeth: Hundert Söhne sollst du haben – Frauenleben in Indien, München 1992
Diem, Werner, Majer, Hans-Georg u. a.: Kleines Lexikon der Islamischen Welt, Stuttgart, o. J.
Han, Byung-Chul: Philosophie des Zen-Buddhismus, Ditzingen 2002
Hariri-Wendel, Tanja al: Symbole des Islam, Darmstadt 1999
Keown, Damien: Der Buddhismus, Stuttgart 2001
Khan, Dr. Muhammad Muhsin (Hrsg.): The Book of Menses in Sahih al-Bukhari, Neu-Delhi, 1984, S. 179–180
Knott, Kim: Der Hinduismus, Stuttgart 2000
Meinel, Knut: Jüdische, christliche und islamische Apokalyptik, Manuskript
Reiter, Anna: Die Tochter ist das ärgste Elend, Frankfurt 1997
Seidenstücker, Karl: Die Lehren – Buddha, Paderborn 2005
Sternberger, Günter: Midrasch. Vom Umgang der Rabbiner mit der Bibel – Einführungen, Texte, Erläuterungen, München 2002
Weiss, Walter M. (Herausgeber): Dumonts Handbuch Islam, Köln 2002

7½. Das wahre Sakrileg

Budge, Sir E. A. Wallis: Amulets and Talismans, New York 1968
Evangelium nach Maria: Apokryphe Evangelien aus Nag Hammadi, Andechs 1988, S. 256–261
Evangelium nach Philippus: Apokryphe Evangelien aus Nag Hammadi, Andechs 1988, S. 94–140
Getty, Adele: Göttin, Mutter des Lebens, München 1993
Harper, Robert Francis: Assyrian and Babylonian Literature, New York 1901, Neuauflage 1904
Hölscher, Hans: St. Michael Kirchbrak. Von unserer Kirche und ihren Pastoren, Kirchbrak 1987

Hölscher, Hans: Sankt Michael Kirchbrak im Weserbergland, 2. Auflage, Kirchbrak 1984
Langbein, Walter-Jörg: Das Sakrileg und die Heiligen Frauen, 3. Auflage, Berlin 2006
Langbein, Walter-Jörg: Maria Magdalena. Die Wahrheit über die Geliebte Jesu, Berlin 2006
Langbein, Walter-Jörg: Lexikon der biblischen Irrtümer, Berlin 2006
Machalke, Joseph: Die Abteikirche Marienmünster, Paderborn o.J.